Virtuelle Museen – Ein Plädoyer

FORUM VIRTUELLE MUSEEN

VIRTUELLE MUSEEN

– EIN PLÄDOYER –

RUND UM DIE UHR.
RUND UM DIE WELT.

Deutscher Kunstverlag

AVICOM

d|u|p

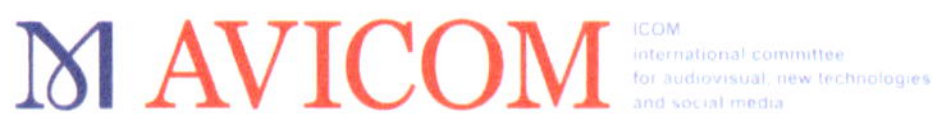

Einbandgestaltung: Rüdiger Kern nach einem Entwurf
von Karl-Ludwig Döring mit Hilfe von Canva
Satz: Rüdiger Kern, Berlin
Druck und Bindung: CPI Books GmbH, Leck

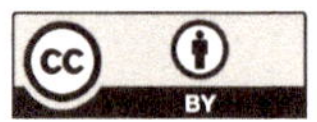

ISBN 978-3-422-80232-2
e-ISBN (PDF) 978-3-422-80233-9
DOI **https://doi.org/10.1515/9783422802339**

Library of Congress Control Number: 2024944668

Die Deutsche Nationalbibliothek verzeichnet diese Publikation in der Deutschen Nationalbibliografie; detaillierte bibliografische Daten sind im Internet über **http://dnb.dnb.de** abrufbar.

Deutscher Kunstverlag
Ein Verlag der Walter de Gruyter GmbH
Berlin Boston
d|u|p düsseldorf university press
Ein Imprint der Walter de Gruyter GmbH
Berlin Boston

Dieses Buch ist als Open-Access-Publikation verfügbar über
www.deutscherkunstverlag.de
www.degruyter.com
dup.degruyter.com

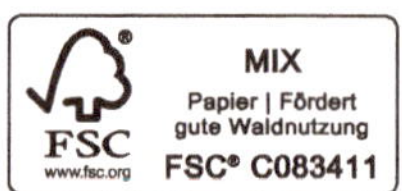

Eine Ermutigung zur Etablierung sowie Hinweise
zu Eigenschaften, Erfordernissen und Chancen
virtueller Museen

INHALTSVERZEICHNIS

GELEITWORT

September 1890: In einer Bonner Zeitungsanzeige kündigt Impresario Neumann für den Jahrmarkt in (Bonn-)Pützchen sein „weltberühmtes Museum für Anatomie, Ethnologie und Naturwissenschaft" an. Das Publikum wird in der Schaubude „Sämtliche Operationen, alle Krankheiten", aber auch die „Durchschlagskraft der neuen, kleinkalibrigen Stahlmantelgeschosse des Repetir-Gewehres Modell 88 an 5 hintereinander stehenden Soldaten" sowie „Jede halbe Stunde anatomische Zerlegungen" bestaunen können. Neumanns Panoptikum ist nur eines von vielen Schaugeschäften, die sich in einer Zeit, in der Museen noch Musentempel für Bildungsbeflissene sind, sich die Bezeichnung „Museum" aneignend der Massen annehmen.

Seit es Museen gibt, gibt es eben auch Museen, die keine sind – würde man sie den Kriterien der neuen Museumsdefinition aussetzen, die der weltweit bedeutendste Dachverband der Museen ICOM erst jüngst nach zähem Ringen verabschiedet hat. „Museum" ist das, was sein Betreiber für ein Museum hält – oder seine Besucher:innen. Das ist bis heute so in der physischen Museumswelt. Es betrifft nicht nur so manche Heimatstube und Oldtimerausstellung, auch wenn beides eher einer Asservatenkammer gleicht, sondern etwa auch viele Discovery-Museen, die effektvolle Medieninstallationen und Hands-on-Activities bieten, aber kein einziges Original.

Dass der Begriff „Museum" zum Ärger der Museumsverbünde und der Museum-Professionals keineswegs geschützt ist, zeigt sich auch und womöglich noch mehr in der digitalen Welt. Hier zeigt sich besonders eklatant, wie sehr es an einer genauen Definition, an einem Kriterienkatalog fehlt. Wenn ein ICOM-definitionskonformes physisches Museum sein Konglomerat digital ins Web gestellter Angebote – von einem virtuellen Spaziergang durch das Depot oder zu ausgewählten Objekten seiner Sonderausstellung bis zum interaktiven Geschichtsabenteuer für Kids im musealen Escape-Room – gleich als „Digitales Museum" bezeichnet, dann ist es das noch lange nicht.

Was es denn ist, wann es Sinn macht, ob als Ergänzung zu einer physischen Museumspräsenz oder als notwendige Alternative – damit befasst sich das vorliegende Buch. Es bietet weitaus mehr als einen Kriterienkatalog. Es ist vielmehr ein umfassend aufblätternder erster Diskussionsbeitrag, fast ein Handbuch, wie es das zuvor noch nicht gegeben hat.

AVICOM, das internationale ICOM-Fachkomitee für audiovisuelle Medien, neue Technologien und Soziale Medien beobachtet und bewertet seit seiner Gründung Anfang der 1990er Jahre und somit in einer vorrangig noch analogen Zeit die Entwicklung im Digital-Musealen kritisch, liefert Empfehlungen, bringt ebenso Museen und Produzierende zusammen wie Museumsprofis und Studierende. Den Austausch und die Kooperation mit der Arbeitsgruppe „Forum Virtuelle Museen", mit dem Studiengang „Kunstvermittlung und Kulturmanagement" der Heinrich-Heine-Universität Düsseldorf (Dr. Julia Römhild und Prof.

Dr. Bernd Günter) sowie auch mit den ICOM Young Professionals empfindet AVICOM als fachliche Bereicherung für die museale Medienwelt. So unterstützt AVICOM auch gerne die Forschungen und Studien zum medialen und digitalen Museumsmanagement, wie sie an der Heinrich-Heine-Universität in Düsseldorf vorbildlich gelehrt und betrieben werden. Die im vorliegenden Buch veröffentlichten Ergebnisse freuen sich gewiss in dem einen und anderen Punkt auf die Diskussion mit der Museumsszene. Indes, so viel ist sicher, erfüllen sie ein Desiderat und weisen den Weg.

Dr. Michael H. Faber
Präsident von ICOM AVICOM

VORWORT

Als drei der an der vorliegenden Schrift beteiligten Autoren vor nunmehr 10 Jahren über ein virtuelles Museum zu einem Thema nachdachten, zu dem es bisher kein physisches Museum gab oder gibt, war es unmöglich, für den Plan, ein derartiges Museum aufzubauen, Unterstützung zu finden. Und dies trotz intensiver Bemühungen und trotz des Nachweises, dass ein virtuelles Museum alle Kernaufgaben der ICOM-Aufgabentaxonomie erfüllen kann und soll. So entstand allmählich der Gedanke, man müsse erst das Gedankengut „virtuelles Museum" breiter streuen und Diskussionsbeiträge in die Museums-Community und das Kulturmanagement einbringen.

Die erweiterte Autorengruppe *„Forum Virtuelle Museen"* legt nun einen Diskussionsbeitrag vor, der konzeptionelle Gespräche, aber vielleicht auch schon empirisch umsetzbare Entwürfe zu virtuellen Museen fördern soll. Dabei entstehen zwei Basisfragen: „Was ist ein virtuelles Museum bzw. was ist virtuell an einem Museumskonzept?" und „Für welche Themen oder Konstellationen kann ein virtuelles Museum besonders geeignet sein?" Zur erstgenannten Frage wird eine kurze, pragmatische – wenn auch leicht unscharfe – Antwort gegeben. Zur zweiten Frage werden umfassende Antworten gegeben, die mit vielen Beispielen versehen werden können und auf die herkömmliche, nicht virtuelle Museen nicht hinreichend Antworten geben (können).

Es verwundert uns nicht, dass Ende 2023 in den Medien gemeldet wurde, dass die UNESCO mit weiteren internationalen Institutionen plant, ein **virtuelles Museum für gestohlene Kulturgüter**[1] zu etablieren. Neben anderen Überlegungen zeigt diese Meldung, dass es zweckmäßig ist, eine intensivere Diskussion um virtuelle Museen anzustoßen, zumal die Digitalisierung in den vergangenen Jahren enorme Fortschritte gemacht hat und diesbezügliche Diskussionen möglicherweise heute offener und konstruktiver geführt werden können.

Die Autorengruppe freut sich über jeden Beitrag zur einschlägigen Diskussion, über jede Unterstützung der Konzepte, vor allem durch Museumsverbände, kulturelle und Bildungsinstitutionen und Medien. Besonders dankbar sind wir für die Möglichkeit, im September 2023 Konferenzbeiträge in einer von ICOM AVICOM mit der University of St. Andrews (Schottland) veranstalteten Konferenz leisten zu können, speziell Frau Dr. Kamila Oles und Dr. Michael H. Faber. Das internationale Fachkomitee AVICOM des Museumsverbandes ICOM trägt die vorliegende Veröffentlichung mit. ICOM Deutschland hat durch seine Präsidentin, Frau Dr. Felicia Sternfeld, formuliert: „Der Vorstand von ICOM Deutschland dankt der Autorengruppe ‚Forum Virtuelle Museen' für die fundierte wissenschaftliche und

1 **https://core.unesco.org/en/project/505GLO4000** [abgerufen am 13.06.2024].

gleichermaßen zugängliche Aufarbeitung aktueller Konzept- und Diskussionsstände rund um virtuelle Museen. Wir sehen hierin einen vielschichtigen Beitrag zur Entwicklung der Digitalität in Museen, der die internationale Museumswelt nachhaltig beeinflussen wird." Der Deutsche Museumsbund hat durch den Vorstand und den Geschäftsführer David Vuillaume seine Unterstützung folgendermaßen formuliert: „Der Deutsche Museumsbund begrüßt die Publikation als Einstieg und Anregung zur Diskussion über das Thema. Der Museumsbund stellt fest, dass das Thema kontinuierlich im Fluss ist, dass die Entwicklungen so schnell sind, dass es vermutlich eines anderen Formats bedarf, um aktueller reagieren zu können und damit Anregungen für die Zukunft zu bieten. Nichtsdestotrotz betrachtet der Verband diesen Blick in die Geschichte der Digitalisierung als eine wertvolle Grundlage, um die Gegenwart zu begreifen." Sehr gern danken wir auch den ICOM Deutschland Young Professionals, die „die mit dem Plädoyer angestoßene Diskussion über virtuelle Museen unterstützen und in ihrem Netzwerk weiterführen wollen. Wir freuen uns auf den gemeinsamen Austausch hierzu." Ein großer Dank gebührt auch unserem ständigen Ermutiger und kritischen Unterstützer Prof. Dr. Hans-Martin Hinz (Präsident ICOM 2010–2016), dem wir für vielfache Anregungen dankbar sind. Für wertvolle kritische Anmerkungen sind wir Dr. Christian Gries zu Dank verpflichtet.

Die vorliegende Publikation wurde ermöglicht durch den Open-Access-Fonds der Heinrich-Heine-Universität Düsseldorf. Darüber hinaus richtet sich unser Dank an *de Gruyter/ Düsseldorf University Press*, speziell an Frau Dr. Anne Sokoll, die uns durch den Publikationsprozess begleitete und stets mit Rat und Tat zur Seite stand.

Für redaktionelle Mithilfe danken wir Anne Seebeck und Karl-Ludwig Döring an der Heinrich-Heine-Universität Düsseldorf.

Düsseldorf, im August 2024
Die Autorengruppe *„Forum Virtuelle Museen"*

REINHARD GRÖNE

EINLEITUNG

Die Botschaft dieser Schrift lautet: Etabliert virtuelle Museen! Wo analoge Museen fehlen oder Themen weniger zu analoger musealer Arbeit geeignet sind, wo Mehrwert wie „überall und jederzeit verfügbar" gewünscht ist: Schafft virtuelle Museen! Aber eben virtuelle Museen, die wie analoge Museen nach den Standards des International Council of Museums (ICOM)[1] funktionieren!

Digitalisierung und virtuelle Welten durchdringen mehr und mehr auch den Kultursektor und die Kreativwirtschaft. Wenn kulturelle Angebote es schwer haben, ihr Publikum zu erreichen, können oder müssen Kulturangebote auf ihr Publikum zugehen. Das gilt auch für Museen, die auf verschiedenen Wegen und mit unterschiedlichen Formaten Publikum finden und binden können. Auch ein virtuelles Museum ist grundsätzlich ein Museum. Vor allem dann, wenn es sich nicht nur an den „ICOM-Standards für Museen" und vor allem an der Museumsdefinition orientiert, die der International Council of Museums 2022 in Prag verabschiedet hat, sondern allen Standards des Deutschen Museumsbundes und ICOM Deutschland e. V. auch gerecht wird. Die „Standards für Museen" verstehen sich als Leitlinien, als eine Art „Leitplanken" für Museumsarbeit und Museumsaufgaben. Die jeweilige Ausprägung und Gewichtung ist von Museum zu Museum unterschiedlich und leitet sich im Wesentlichen von der Zielsetzung der Museumsgründer:innen und Museumsbetreiber:innen ab. Das hat mit analog versus digital und offline versus online zunächst nichts zu tun. Das analoge wie das virtuelle Museum erfüllen die aktuelle ICOM-Definition[2] gleichermaßen:

> A museum is a not-for-profit, permanent institution in the service of society that researches, collects, conserves, interprets and exhibits tangible and intangible heritage. Open to the public, accessible and inclusive, museums foster diversity and sustainability. They operate and communicate ethically, professionally and with the participation of communities, offering varied experiences for education, enjoyment, reflection and knowledge sharing. (ICOM 2022)

1 Der International Council of Museums (ICOM) wurde 1946 gegründet. Das Generalsekretariat befindet sich in Paris. ICOM hat ungefähr 50.000 Mitglieder in circa 140 Staaten. Link zur Homepage des Internationalen Netzwerks: **https://icom.museum/en/** und von ICOM Deutschland: **https://icom-deutschland.de/de/**.

2 In Überarbeitung der ursprünglichen Definition wurde nach einem mehrjährigen partizipativen Prozess auf der im August 2022 durchgeführten ICOM General Conference in Prag die neue Museumsdefinition angenommen.

Einzig die Forderung nach einem geeigneten und langfristig verfügbaren Museumsgebäude könnte Diskussionsbedarf erzeugen. Bei Lichte betrachtet erfüllt eine Museumsverortung aus Bits & Bytes im World Wide Web manche der übrigen Anforderungen sogar besser als ein Gebäude aus Marmor, Stein und/oder Beton.

Im Kern geht es ICOM zufolge um die Aufgaben des Forschens, Sammelns, Bewahrens, Ausstellens und Interpretierens bzw. Vermittelns. Das leisten virtuelle, ausschließlich online existierende Museen genauso gut oder schlecht wie die klassischen Bauten aus Marmor, Stein und Beton in der analogen, der „Offline-Welt", mit ihrem Inhalt und den Betreibern. Hybride Versionen bespielen *zusätzlich* die jeweils andere Realität: Die bewährten Offline-Museen nutzen digitale Medien und das Internet zur Ergänzung ihrer Arbeit und setzen sie dort ein, wo sie effizient und effektiv ihren Dienst tun. Ein rein virtuelles Museum ist bestrebt, auch in der Offline-Welt in Erscheinung zu treten. Neben marketing-getriebenen Aspekten durchaus auch, um den digital vernachlässigten Sinnen etwas anbieten zu können: Haptik, Geschmack, Geruch, gemeinsame Rezeptions-Erlebnisse. Und schließlich: so wie es Pop-Up-Stores gibt, kann und wird es auch Pop-Up-Museen geben.

Grundsätzlich sollte der Aufbau eines virtuellen Museums dann ernsthaft geprüft werden, wenn für ein relevantes Thema keine Entsprechung in der analogen Offline-Welt möglich zu sein scheint. Es folgen vier weitere, unterschiedliche Beweggründe, ein rein virtuelles Museum zu gründen. Diese Motive werden im dritten Kapitel weiter spezifiziert.

Ökonomische Argumente

Oftmals wird der finanzielle und wirtschaftliche Aspekt eine entscheidende Rolle spielen: Ein im Internet aus Bits und Bytes „erbautes" Heimatmuseum wie das der Erkelenzer Lande („Virtuelles Museum Erkelenz") ist aus der Erkenntnis entstanden, dass auf absehbare Zeit keine Mittel für einen Museumsbau zur Verfügung stehen. Die gesammelten Artefakte und ihre wissenschaftliche Aufarbeitung und die damit verbundene Forschung brauchen dennoch eine „Heimat", eine „Verortung", wo sie das interessierte Publikum finden und betrachten kann.

Ein virtuelles Museum ist sowohl bei den Errichtungskosten als auch bei den laufenden Betriebskosten vom Grundprinzip her wesentlich kostengünstiger als sein analoges Pendant. Dank Homeoffice stellen sich auch die Personal- und Infrastrukturkosten anders dar. Das gilt ähnlich auch für die zahlreichen Freelancer:innen, ohne die kein Museumsbetrieb attraktiv und kund:innenorientiert (nutzer:innen- oder besucher:innenorientiert) antreten kann.

Ökologische Argumente

Immer mehr in den Blickpunkt tritt auch die Nachhaltigkeitsbeurteilung und -bewertung. Wenn der Bau und Betrieb eines analogen Offline-Museums mehr Ressourcen bindet und einen größeren CO_2-Fußabdruck hinterlässt als der Aufbau und der Betrieb eines kulturellen Online-Angebots, dann entsteht zumindest Prüfungs- und Diskussionsbedarf.

Konzeptionelle Argumente

Es gibt Themen, die sich in der analogen Welt deutlich schlechter darstellen und aufbereiten lassen als in der virtuellen Welt. Und das sind zum Beispiel Phänomene wie *Zeit, verlorene Kunst- und Kulturschätze, verlorene Landschaften, Zukunft.* Dann auch alle möglichen philosophischen Bereiche von *Wertewandel* über *Kapitalismus* bis zum Thema *verfolgte oder vernichtete Minderheiten*, und natürlich *Klimawandel und seine Auswirkungen* bis hin zu *Politik, Macht, Freiheit, Diktatur.* Aber auch der *Ursprung des Lebens* oder die *Relativitätstheorie.* Quasi überall da, wo Artefakte nur „Hilfsmittel" sind, um sich einem Phänomen zu nähern: *Geld – Uhren* – oder nur mehr als meist digitale Platzhalter zur Verfügung stehen: *Raubkunst* oder *Grünes Gewölbe.* Aber auch *Virtuelles Wasser* und *Krypto-Währung.*

Nutzer:innenorientierte Argumente

„Der:die digitale Besucher:in ist uns genauso wichtig wie der:die Besucher:in vor Ort." (C. Paul, Technoseum Mannheim, 2019 in einem Gastvortrag an der Universität Düsseldorf). Der:die digitale Besucher:in kann zu beliebiger Zeit an einem beliebigen Ort – ohne zu reisen – auf ein virtuelles Museum zugreifen. Er:sie kann möglicherweise eigenen Content beisteuern und jederzeit an den Inhalten forschen und in Diskurse eintreten. Erreichbarkeit, Verfügbarkeit, Nachhaltigkeit und (physische) Barrierefreiheit – abgesehen von Sprachbarrieren – können also neben den Inhalten durchaus Argumente aus Nutzer:innensicht für den Besuch virtueller Museen und das Engagement darin darstellen.

Gesellschaftliche und soziale Argumente

Weitere Argumente können im sozialen Miteinander liegen, das durch virtuelle Museen eine neue Dimension bekommen kann: Durch den Einsatz neuerer Technologien im Bereich der Social XR, die Elemente von Augmented Reality und Virtual Reality mit der sozialen Sphäre verbinden, kann auch das soziale Miteinander im virtuellen Raum ermöglicht und forciert werden. Grenzüberschreitende Treffen mit Freund:innen, Bekannten, Kolleg:innen werden möglich, um gemeinsam Museumserlebnisse zu schaffen. Auch Live-Events wie Partys, Konferenzen, Ausstellungseröffnungen mit größeren Gruppen von Nutzer:innen können mittels Social XR in virtuellen Museen als Treffpunkte realisiert werden und bieten die Chance, die digitale Isolation zu überwinden und auch den „Spaß am sozialen Miteinander" zu integrieren.

ISABELLE BECKER UND THERESA STÄRK

1. ZUR BEGRIFFLICHKEIT DES VIRTUELLEN MUSEUMS

1.1. Aktuelle Debatten einer Definitionsannäherung

Was macht ein virtuelles Museum aus? Im gegenwärtigen Diskurs um den Gegenstand bzw. den Begriff des „virtuellen Museums", der in der Museumswissenschaft bereits in den 1990er Jahren seinen Anfang findet, wird der Begriff übermäßig, unscharf und für verschiedene museale Phänomene verwendet (vgl. Niewerth, 2020, S. 526; Schweibenz 2016, S. 198). Der Versuch einer definitorischen Annäherung wird durch den Umstand erschwert, dass sich die einzelnen Phänomene, die gemeinhin die (selbstgewählte) Bezeichnung „virtuelles Museum" tragen, untereinander stark unterscheiden (können) und die Abgrenzung zu digitalen Bibliotheken oder Datenbanken mitunter schwierig ist (vgl. Schweibenz 2016, S. 198). Hinzu kommt die nicht unumstrittene Begrifflichkeit desselben: So finden sich zahlreiche Alternativbezeichnungen, die selbiges meinen können, aber nicht müssen. Während Bezeichnungen wie *electronic museum* und *digital museum* den Fokus auf die Technizität im Museumsbetrieb respektive die diskrete Funktionsweise der Digitalität legen, wirken Bezeichnungen wie *Online-Museum*, *Cyberspace-Museum* oder *Web-Museum* eher pragmatisch-beschreibend (vgl. Niewerth 2020, S. 526; Schweibenz 2001, S. 6). Der Begriff „virtuelles Museum" hat sich seit den 1990ern jedoch weitestgehend durchgesetzt (vgl. Schweibenz 2008, S. 132 u. a.) und liegt auch dieser Publikation zugrunde.

Die Debatte um virtuelle Museen entbrennt spätestens mit dem sich etablierenden World Wide Web und der damit einhergehenden privaten Internetnutzung ab den späten 1990er Jahren. Während Computertechnologie in Museen bereits seit den 1960er Jahren sowohl intern (vor allem im Sammlungsmanagement) als auch extern (vor allem in der Ausstellungsgestaltung) teilweise genutzt wird, wird im Zuge der rasanten massenmedialen Entwicklungen nun die Idee eines Museums diskutiert, dessen Ausstellungen rein digital stattfinden sollen (vgl. Niewerth, 2020, S. 526–527). Eine frühe Definition des virtuellen Museums wurde bereits 1996 online von der Encyclopaedia Britannica veröffentlicht (vgl. Niewerth 2018, S. 126), die virtuellen Museen jedoch (bis heute unverändert) die Einzigartigkeit und Permanenz analoger Museen abspricht:

> [...] a collection of digitally recorded images, sound files, text documents, and other data of historical, scientific, or cultural interest that are accessed through electronic media. A virtual museum does not house actual objects and therefore lacks the permanence and unique qualities of a museum in the institutional definition of the term. (Britannica Online, o. J.)

Die Exklusivität virtueller Museen, die ausschließlich digitale Objekte und Daten beherbergen und ausstellen, wird dabei betont und klar von dem Museum nach seiner institutionellen Daseinsform mit „realen Objekten" („*actual objects*") abgegrenzt.

Der International Council of Museums (ICOM) grenzt den Begriff des virtuellen Museums bislang noch nicht ab und verzichtet auf eine eigene Definition (vgl. ICOM Deutschland 2010 und fehlende Hinweise auf diese Thematik im Vorfeld der General Conference 2022).

So variiert der Begriff des virtuellen Museums in der Forschungsliteratur immer wieder: Teilweise steht er für eine digitale Präsenz sämtlicher Sammlungen im Web, teilweise beschreibt er wiederum nur solche digitalen Sammlungspräsentationen, die losgelöst von einem bestimmten Haus sind und keine zugrunde liegende eigene Sammlung haben.

1.2. Virtuelle Museen als hybride Erweiterung des klassischen Museums

Wie Schweibenz (2016) ausführt, können virtuelle Museen auf zwei wesentliche Arten verstanden werden: zum einen als ausschließlich digital existierendes Konzept und damit separiert von der analogen Welt bzw. ohne analoges Pendant, zum anderen als Erweiterung oder Ergänzung eines realen Museums; eine Position, die zwischenzeitlich, so Schweibenz, die dominantere Position eingenommen habe (S. 198).

Diesem Ansatz folgend und nach dem Verständnis der Autor:innen dieses Traktats bilden virtuelle Museen gleichwertige, digitale Alternativen zu den physischen Museen im Metaversum als „institutions in their own right" (Schweibenz 2019, S. 7). Auch virtuelle Museen sollen der Öffentlichkeit zugänglich sein (ggf. gegen einen entsprechenden Eintrittspreis) und interaktive Elemente nutzen, um zu bilden, zu forschen, auszustellen und für die Besucher:innen ein Erlebnis zu schaffen (vgl. Hermon/Hazan, 2013). Die vorliegende Publikation definiert das virtuelle Museum als in seiner finalen Form virtuelle Darstellung einer Sammlung, die einen materiellen oder virtuellen Ursprung haben kann. Objekte eines solchen autonomen virtuellen Museums können sowohl Born-Digital-Objects (wie Net Art, Videokunst und Video Game Art) sein, als auch ursprünglich materielle Objekte, die als Digitalisat reproduziert online dargestellt werden.

Von diesen rein-virtuellen Museen ohne physische Repräsentanz zunächst abzugrenzen sind hybride Formen des virtuellen Museums wie Online-Sammlungen oder digitale Ausstellungen, die einem klassisch-analogen Museum zuzuordnen sind und als Erweiterung eines solchen in den digitalen Raum gehandelt werden. Anscheinend nehmen diese hybriden Formen in der Praxis wie oben erwähnt bisher eine übergeordnete Bedeutung ein, denn aus der Perspektive bestehender Museen tritt die Funktion virtueller Museen als Instrument zur Erweiterung physischer Museen in den Vordergrund. Dennoch ist auch hier eine unterschiedliche Auslegung des Begriffs bemerkbar: Einerseits werden virtuelle Museen als „Repräsentanzen" des Physischen gesehen und übertragen dieses in die digitale Welt. Andererseits können virtuelle Museen auch „echte" Erweiterungen darstellen, die auch andere Funktionen erfüllen und andere Objekte ausstellen als das physische Haus – und damit immerhin über eine gewisse Autonomie und eine eigene (Organisations-)Struktur verfügen – etwa als „digitale Filiale" oder „digitaler Geschäftsbereich" eines bestehenden Museums.

1.3. Virtuelle Museen als exklusiver digitaler Ausstellungsraum

Auf der Plattform für virtuelle Museen Virtual Multimodal Museum (**ViMM**) werden virtuelle Museen als digitale Einheiten („digital entity") definiert, die die Merkmale eines Museums nutzen, um das Museum durch Personalisierung und Interaktivität sowie inhaltlich zu ergänzen und erweitern. Das virtuelle Museum („virtual museum") wird hier dem physischen Museum („physical museum/PhM") gegenübergestellt (vgl. Polycarpou 2018).

Als permanentes Pendant zu Online-Ausstellungen können virtuelle Museen in dieser Auffassung unabhängig von einem physisch präsenten Standort existieren. Objekte werden digital reproduziert oder als „Born Digital-Objects" exklusiv im virtuellen Raum präsentiert und zugänglich gemacht.

Vorliegendes Plädoyer richtet sich vor allem an solche virtuellen Museen, die demzufolge eine „echte Erweiterung" oder „eigenständige Filiale" eines physischen Museums darstellen sowie und insbesondere an solche, die vollständig autonom und unabhängig von tatsächlichen Museen als „institutions in their own right" funktionieren.

2. STATUS QUO: MUSEUMSAUFGABEN UND VIRTUELLE MUSEEN

2.1. Museumsdefinition und Aufgaben

(BERND GÜNTER)

Der Weltmuseumsverband International Council of Museums ICOM hat seit 1986 im Rahmen des „Code of Ethics" für Museen den Museumsbegriff standardisiert und weiterentwickelt. Neben einer 2022 neu gefassten Definition von „Museum", die in der Einleitung wiedergegeben und kommentiert wurde, hat sich – wohl aus pragmatischen Gründen – bereits 2007 eine Art Kurz-Definition etabliert, die die Charakteristika der Museumsarbeit enumerativ anhand der fünf Museumsaufgaben zusammenstellt und die auch in der neugefassten Definition Berücksichtigung findet. Danach erfüllt ein Museum fünf Aufgaben:

- *Forschen* (*researches*)
- *Sammeln* (*collects*)
- *Bewahren* (*conserves*)
- *Interpretieren bzw. Vermitteln* (*interprets*[1])
- *Ausstellen* (oft: *Präsentieren, exhibits*).

Diese durchaus auch normativ zu verstehende Taxonomie hat sich offenbar auch international als konsensfähig erwiesen. In der seit ca. 2011 hochgekochten Diskussion der Museumsdefinition bei ICOM scheint die aufgabenbezogene Definition einen Minimalkonsens zu bilden. Die aktuell diskutierte Version der Taxonomie ist Bestandteil der vorgeschlagenen Neufassung geworden. Im Übrigen kann man spekulieren, ob die Änderung der Reihenfolge kulturpolitisch motiviert ist, wenn in der neuen ICOM-Museumsdefinition 2022 die Aufgabe des „Forschens" an die erste Stelle rückt.

Akzeptiert man diese Aufgabenenumeration, so stellt sich die Frage nach Vollständigkeit oder zweckmäßigen Ergänzungen. Ein Vorschlag dieses Autors seit 2011 besteht in der Berücksichtigung des Umstands, dass ein Museum die Aufgabe eines „Kompetenzzentrums" für das selbstgewählte Thema erfüllt. Dem kommt in der Museumsdefinition 2022

1 Dabei ersetzt das englische Verb „interprets" in der Neufassung der Museumsdefinition 2022 das ursprünglich verwendete „communicates" in der Fassung aus 2007. Für die deutsche Übersetzung wird im vorliegenden Text – entgegen der deutschsprachigen Übersetzung der Museumsdefinition durch ICOM aus dem Jahr 2023 – jedoch der Begriff „Vermitteln" beibehalten, da dieser der inhaltlichen Interpretation der gesamten Definition aus Sicht der Autor:innen besser zu entsprechen scheint.

die Aufgabe des „Knowledge Sharing" sehr nahe. In diesem Sinn ist ein Museum Ansprechpartner für Themen, Exponate usw. Auch dies oder gerade dies kann ein virtuelles Museum leisten, ggfs. mit einer Art Redaktion.

2.2. Überlegungen zu Veränderungen der Museumsaufgaben (JULIA RÖMHILD)

Die Digitalisierung – oder auch: Virtualisierung von Museen – kann einen wichtigen Beitrag leisten, die von ICOM definierten Museumsaufgaben auch im Metaversum zu erfüllen. Allerdings beeinflusst sie die Aufgaben auch, entwickelt diese weiter und erfordert Veränderungen im Umgang mit dem kulturellen Erbe und damit zusammenhängenden, weiterführenden Fragestellungen.

Die Veränderungen im Aufgabenspektrum *Forschen, Beschaffen bzw. Sammeln und Bewahren* machen sich für virtuelle Museen beispielsweise in folgenden Bereichen erkennbar:

- *Veränderung von Sammlungen* (Kap. 9): Neben digitalisierten analogen Exponaten – welche immer auch eine Lagerung der analogen Gegenstücke notwendig machen – ist die Schaffung und Nutzung neuer, rein digitaler Exponate ohne entsprechendem physischen Gegenstück denkbar und wird bereits praktiziert: So wird bereits rein digitale Kunst geschaffen in Form von Videos, Objekten, Non-Fungible Tokens (NFTs), VR-Welten, Games. Das v-must-Projekt hat übrigens auf die Möglichkeiten hingewiesen, gerade die immateriellen Zeugnisse in virtuellen Museen zu bewahren und verfügbar zu machen. Zudem kann auch der künstlichen Intelligenz (KI) eine immer größer werdende Rolle bei der Erzeugung und Erschaffung von Bildern und Kunstwerken (z. B. dem Portrait von Edmond de Belamy, siehe auch 16.3) zugesprochen werden – wobei die kreative Leistung (noch) durch die Mitwirkung von Menschen erbracht wird (z. B. mithilfe der Software DALL-E von OpenAI).
- *Veränderung archivarischer Leistungen:* Analoge Exponate sind in digitalisierter Form archivierbar und weltweit darstellbar. Der Stand der Technik macht non-invasive Intervall-Scans möglich, die es erlauben, noch mehr Daten über Werke der bildenden Kunst zu sammeln und diese detailgetreu online abbilden zu können. Digitale, vernetzte Online-Archive sind denkbar unter Berücksichtigung einer entsprechenden (international gültigen) Verschlagwortung – zum Beispiel unter der Nutzung von Verschlagwortungsprojekten wie ARTigo oder Google Art Project. Zudem ermöglichen 3D-Drucker auch die (Rück-)Übersetzung digitalisierter oder digitaler Exponate in eine physische Form – etwa für Anschauungszwecke oder für temporäre Pop-up-Museen.
- *Veränderung in der Forschung* (Kap. 8): Durch digitale Inventarisierung und digitales Sammlungsmanagement mit entsprechender Verschlagwortung ist die Vernetzung auch in der Forschung einfacher und bietet für virtuelle Museen Möglichkeiten, sich als „Knotenpunkte" von Netzwerken bzw. als Kompetenzzentren für ihr jeweiliges Thema zu positionieren und zu etablieren.

Auch im Bereich der Museumsaufgaben *Ausstellen* und *Vermitteln* werden Chancen für virtuelle Museen im Umgang mit der Öffentlichkeit und speziellen Zielgruppen deutlich:

- *Veränderung in Kuration und Vermittlung:* Kuratieren von Ausstellungen kann sich verändern. So sind in virtuellen Museen Ausstellungen denkbar, die durch die Besucher:innen kollaborativ in einem Crowdsourcing-Ansatz zusammengestellt werden – oder gar nutzer:innen-individuelle Ausstellungen genau nach den Präferenzen der:des Besucher:in. Auch die Art der Vermittlung kann womöglich diesem Ansatz folgen: Digitale Vermittlungsangebote können – insofern sie integrativ und interessant genug gestaltet sind – Aufmerksamkeit auch bei denjenigen generieren, die sonst nicht ins Museum gehen. Dementsprechend ergeben sich auch im Bereich des *Audience Development* – der Gewinnung und Bindung neuer Zielgruppen – Chancen: Die Zeit- und Ortsunabhängigkeit des Zugriffs im virtuellen Raum birgt große Potenziale zum Erreichen verschiedener (Nicht-)Besucher:innengruppen (siehe auch Kap. 4.1). Ein Aspekt, welcher auch im Rahmen der Kuration und Vermittlung zu erwähnen ist, ist der Einsatz künstlicher Intelligenz. Projekte wie das vom Bund geförderte **CHiM – Chatbots im Museum**[2] zeigen erste Ansätze, künstliche Intelligenz für die Kunst- und Kulturvermittlung einzusetzen.
- *Veränderung der Kommunikation mit den Zielgruppen:* Egal ob bei analogen oder rein virtuellen Museen können Budgetdefizite digitale Kommunikationskanäle vorteilhaft erscheinen lassen. Die Nutzung von z. B. Social Media bietet nicht nur potentielle Vorteile hinsichtlich Reichweite, Vernetzung und audiovisueller Darstellungsweise, sondern ermöglicht mittels Social Media Monitoring auch, das digitale Publikum kostensparend und relativ unkompliziert kennenzulernen. Tools wie Instagram, Tik-Tok etc. sind meist relativ kostengünstig (wenn auch nicht kostenfrei), benötigen jedoch meist ein relativ hohes Zeitbudget und Know-how in Bezug auf Storytelling und Content Management. Zu bedenken ist hierbei, dass die Kommunikation „auf Augenhöhe" und rund um die Uhr abläuft und dass sie sich durchaus auch der Kontrolle der betreibenden Institution entziehen kann.

Die genannten Veränderungstendenzen stellen sicherlich keine vollumfängliche Liste dar, zeigen aber erste Ansatzpunkte und Chancen virtueller Museen bei der Interpretation der „klassischen" Museumsaufgaben[3].

2 **https://www.interaktive-technologien.de/projekte/chim** [abgerufen am 13.06.2024].

3 Hierzu weiterführend Deutscher Museumsbund e. V. (2019): Leitfaden Professionell arbeiten im Museum, Berlin.

2.3. Überlegungen zu Veränderungen durch Einsatz künstlicher Intelligenz (REINHARD GRÖNE UND JULIA RÖMHILD)

Darüber hinaus wird in den kommenden Jahren der Einsatz künstlicher Intelligenz in allen Lebensbereichen und so auch in und durch Museen weiter zunehmen. Daher soll an dieser Stelle das hier zugrunde gelegte Verständnis von KI kurz dargestellt werden. Während Definitionsansätze variieren, kann hier auf die Definition der von der Europäischen Kommission gebildeten High-Level Expert Group (HLEG) zum Thema künstlicher Intelligenz verwiesen werden.[4] Maßgebliche Eigenschaften von KI können wie folgt zusammengefasst werden: die Wahrnehmung von Sinneseindrücken der Umwelt, die Informationsverarbeitung und -interpretation, die in bestimmten Grad autonome Entscheidungsfindung und -adaption (= „Lernen" aus Erfahrungen) sowie das Erreichen spezifischer, vorgegebener Ziele (vgl. Samoili et al. 2020). Dabei liegen die Anwendungsgebiete von KI in Museen jedoch sicherlich zunächst im Bereich der sogenannten „schwachen KI" – also fern von maschineller Bewusstseinsbildung und empfindsamer Intelligenz (= „starker KI") – und damit vielmehr im Bereich algorithmischer Entscheidungsfindung und Unterstützung des Menschen bei bestimmten Aufgaben. Murphy et al. (2022) zeigen Praxisbeispiele im Bereich musealer Anwendungsgebiete in Form von Kommentaranalysen, der Errechnung von Auslastungsprognosen, automatischer Spracherkennung und Anpassung der Objekttexte, der Aufbereitung von Sammlungsdaten über Methoden des Maschinellen Lernens etc. und verweisen auf KI-Tools wie IBM Watson, Google Cloud und Microsoft Azure.

Die rasante Entwicklung der Fähigkeiten der sogenannten künstlichen Intelligenz hat damit Einfluss auf alle Arten von Museen, die analogen genauso wie die virtuellen. Analoge Museen können mit KI-Unterstützung ganz neue und sehr komplexe Aspekte in Ausstellungen und Forschung einbringen (vgl. Thiel und Bernhard 2023). Durch entsprechende Fragestellungen an die KI werden Gedanken und Gebiete erschlossen werden, die in der aktuellen Museumswelt auf das Wissen und die Fähigkeiten des handelnden Personals aufbauen. Die KI erweitert diesen Spielraum um weitere Dimensionen, ihr Wissen und ihre Anregungen werden allein durch ihre Anwendung immer komplexer und umfangreicher. Ein mächtiges Werkzeug, das dem Museumspersonal immer mehr und neue Vorschläge für ihre Arbeit machen wird.

Das ist im virtuellen Museum grundsätzlich genauso. Aber es kommt noch ein entscheidender Aspekt hinzu. Wenn die KI im Rahmen des virtuellen Museums auch den Besucher:innen, Freund:innen und Förderern zur Nutzung zur Verfügung steht, wird ihr

4 "Artificial intelligence (AI) systems are software (and possibly also hardware) systems designed by humans(2) that, given a complex goal, act in the physical or digital dimension by perceiving their environment through data acquisition, interpreting the collected structured or unstructured data, reasoning on the knowledge, or processing the information, derived from this data and deciding the best action(s) to take to achieve the given goal. […]" (HLEG 2019)

museumsbezogenes thematisches Wissen noch tiefer und noch schneller wachsen: Außerdem werden Aspekte kulturell ganz unterschiedlicher Fragestellungen beantwortet und ihr Ergebnis darin einfließen. Das alles kann im Alltag des virtuellen Museums schnell umgesetzt und sichtbar gemacht werden. Das virtuelle Museum wird zu einem interaktiven und demokratischen Ort.

2.4. Berichte über „neue" digital ausgerichtete Museen

(ANJA KIRCHER-KANNEMANN)

In den letzten Jahren sind zahlreiche digitale Auftritte entstanden, die unter dem Begriff „virtuelles Museum" firmieren. Gemeinsam ist beinahe all diesen Angeboten, dass sie sich von einer Website bzw. Online-Sammlung nahezu nicht unterscheiden lassen. Sie präsentieren Sammlungen von digitalisierten Artefakten und Archivalien, zum Teil mit zusätzlichen Informationen versehen.

Die meisten dieser digitalen Angebote entsprechen dabei nicht den Kriterien für ein virtuelles Museum, wie sie dieser Publikation zugrunde liegen, denn sie verfügen weder über eine eigene digitale noch (partiell) physische Sammlung. Eben diese gehört aber zu den Grundpfeilern eines Museums.

Die digitalen Angebote lassen sich grob in vier Kategorien einteilen:

1. Digitale Angebote, die auf bereits vorhandene digitale Sammlungen anderer Museen, bzw. Archive oder anderer Kulturinstitutionen zurückgreifen und diese unter speziellen Gesichtspunkten und Themen aufbereiten. Beispiele:
   - Google Arts and Culture
   - Europeana
   - Deutsche Digitale Bibliothek
   - Kulturerbe Niedersachsen
   - Museum digital
   - Museum-digital Thüringen
   - Digitale Kunsthalle ZDF

2. Digitale Angebote, die auf einer analogen oder teils auch digitalen Sammlung basieren, die in Ermangelung eines analogen Raumes im digitalen Raum sichtbar gemacht werden. Beispiele:
   - Virtuelles Migrationsmuseum
   - Barnums American Museum
   - CIA Museum
   - Virtuelles Museum Digital Humanities
   - Virtuelles Museum Erkelenz
   - Virtuelles Grimm-Museum
   - Virtuelles Straßenbahnmuseum Chemnitz

- Haller ZeitRäume
- Virtuelles Museum FC St. Pauli
- Virtuelles Fastnachtsmuseum
- Virtuelles Nikon-Museum
- „Die Jeckes" – Ein virtuelles Museum
- Virtuelles Stadtmuseum Winnenden
- Virtuelles Museum der Wissenschaft
- Virtuelles Museum Kultur macht Potsdam
- Virtuelles Obstbaumuseum Rheinland
- Virtuelles Heimatmuseum Thomasberg
- Virtual Museum of Caribbean Migration and Memory

3. Digitale Angebote, die eine Erweiterung analoger Museen und/oder Archive darstellen. Beispiele:
   - Das Herzog Anton Ulrich Museum Braunschweig bietet ein virtuelles Kupferstichkabinett und ein Münzkabinett
   - Virtuelles Antikenmuseum Göttingen
   - Literaturarchiv Saar-Lor-Lux-Elsass
   - Zeiss-Archiv
   - Synagoge Niederzissen
   - Virtuelles Museum für Kinder und Jugendliche
   - Virtuelles Museum Trambahn
   - Virtuelles Museum für Naturschutz
   - Virtuelles Brückenhofmuseum
   - Museum of the World (British Museum)
   - Dreams of Dali
   - Anne Frank – Das Hinterhaus
   - eMuseum: Himmelswege
   - West Highland Museum
   - Kommunikation Nürnberg
   - Museum für Kommunikation Berlin

4. Digitale Angebote, die keinen analogen Bezug haben und ausschließlich digitale Repräsentanz haben (Metaversum). Beispiele:
   - DFC Francisco Carolinum
   - das „erste Museum für NFT-Kunst im Metaversum"
   - Area for virtual Art
   - Musee Dezentral

5. „v-must“: ein erstes EU-Projekt

Von 2011 bis 2014 befasste sich ein EU-gefördertes Projekt *Virtual Museum Transnational Network* („**v-must**“) mit dem Thema „Virtuelles Museum“. Darin ging es um die Identifizierung von Rahmenbedingungen für (zukünftige) virtuelle Museen, um Begriff und Implikationen des Virtualitätsbegriffs. Es wurden ein Glossar und Schlüsselkriterien für virtuelle Museen erarbeitet.

BERND GÜNTER UND JULIA RÖMHILD

3. EIGNUNGSKRITERIEN ODER „WAS MACHT WARUM SINN ALS VIRTUELLES MUSEUM?"

Ein virtuelles Museum genügt, wie bereits diskutiert, der aufgabenorientierten Museumsdefinition, die im „Code of Ethics", des International Council of Museums (ICOM) niedergelegt ist: Forschen, Sammeln, Bewahren, Ausstellen und Vermitteln – und das in einer organisatorischen Einheit.

Die folgende Liste zeigt wichtige Eigenarten, die „analoge" Museen nicht besitzen oder die im Internet bzw. in der digitalen Welt spezifische Wirkungen entfalten, welche über die gewohnten Effekte der Museumsarbeit hinausgehen.

Eigenschaften eines virtuellen Museums:

- Virtuell = Medium, kein physisches Gegenstück; möglich aber: Kombination aus analogen und digitalen Elementen
- Aggregation von Content aus den Bereichen des tangiblen und des intangiblen Kulturerbes
- Möglichkeit, neue Kontextverbindungen herzustellen
- Virtuelle, digitale Präsentation und Speicherung (theoretisch unbegrenzt); schnelle Anpassung und Modifikation
- Bewahren analoger Objekte, Ausstellungen und Präsentationen (digitalisiert; Sicherungsmotiv)
- Nutzung aktueller webbasierter IT-Technologien
- Multimedia-Charakter
- Ubiquität; weltweiter Zugang mit sehr niedrigen Barrieren (insb. Sprache); universelle Teilhabe
- Veränderung und u. U. Erweiterung des Wahrnehmungs- und Erfahrungsraumes
- Schonung verschiedener Ressourcen, die in analogen Museen eingesetzt werden; Beitrag zur Nachhaltigkeit
- Weltweite Vernetzung von Museumsinhalten und -ressourcen
- Erweiterte und vereinfachte Forschungsmöglichkeiten
- Möglichkeit schneller individualisierter Interaktion bei sehr niedrigen Barrieren
- Mitwirkung/Interaktion der User:innen und aktive Mitgestaltungsmöglichkeit – begrenzt durch Kuratieren
- Unmittelbares Feedback und Analyse des:der Besucher:in-/User:in-Verhaltens

- Möglichkeit digitaler Kreation (neue Objekte, neue Interpretationen, neue Diskussionen, „neue Welten“)
- Nachhaltigkeitsargumente, z. B. bei Verzicht auf Papier und Druck, energetische Aspekte
- Bildungsfunktion und umfassendes Kompetenz-Center
- Kompatibilität mit ICOM-Standards (Museumsziele und -funktionen; Code of Ethics)

Einige dieser Eigenschaften gelten auch für analoge Museen, können aber in einem virtuellen Museum anderes Gewicht und andere Implikationen besitzen.

Die folgenden Thesen benennen mögliche Eignungskriterien für virtuelle Museen. Sie geben eine vorläufige Antwort auf die Frage: In welchen Situationen und für welche Problemlösungen kommen Überlegungen zur Etablierung eines virtuellen Museums in Betracht?

Virtuelle Museen eignen sich für *Inhalte und Themen*:

1. Für die es analoge Museen bisher nicht gibt
2. Die abstrakt und/oder intangibel sind, z. B. für das Thema Zeit
3. Mit Schwerpunkt internationaler Forschungsinteressen, Vernetzung und Co-Creation
4. Mit dem Schwerpunkt auf Web- bzw. Digital Art: digitale Sammlungen, Ausstellungen mit digitalen Exponaten; digitale „Neu-Komposition“
5. Mit dem Schwerpunkt auf Objekten und kulturellem Erbe, welches zerstört wurde und/oder verloren ging („lost art“)
6. Mit historischem Schwerpunkt und zur Rekonstruktion historischer Orte, deren Umgebungen sowie von Zeitdokumenten in Form von Bildern und Simulationen auf der Basis historischer, archäologischer, paläontologischer Sachverhalte und Dokumente – gerade hier zahlt sich ein möglichst barrierefreier Zugang besonders aus.

Darüber hinaus eignen sich virtuelle Museen für folgende *Problemsituationen und Vermittlungsaufgaben:*

7. Ein (geplantes) Museum besitzt kein Gebäude für seine Objekte, Sammlungen, Ausstellungen etc. und wird voraussichtlich in absehbarer Zeit keines bauen bzw. besitzen können (z. B. das Heimatmuseum der Erkelenzer Lande („**Virtuelles Museum Erkelenz**“).
8. Ein bestehendes Museum hat keine Expansionsmöglichkeiten – außer eben in den digitalen Raum.
9. Ein Museum hat sich zum Ziel gesetzt, eine komplette Sammlung und das gesamte verfügbare Material bzw. die Exponate zu präsentieren, also auch aus dem Depot.
10. Ein Museum versucht, Besucher:innen und andere Stakeholder (z. B. Forscher:innen, Medien und andere) überall, weltweit und zu jeder Zeit zu erreichen.

11. Ein Museum versucht, physisch nicht in Frage kommende, ergänzende Perspektiven auf Themen und Objekte zu ermöglichen.
12. Exponate und Ausstellungen dürfen oder können aus konservatorischen Gründen oder aus Sicherheitsgründen nicht physisch präsentiert werden. Dazu zählt auch die Sicherung gefährdeter Objekte, speziell im Kriegsfalle.
13. Es fehlt ein „Experimentierraum" für Experimente im Bereich der Kuration, Vermittlung und Sammlung, in etwa im Bereich digitaler Kunst (wie z. B. das NRW Forum, welches „digital residencies“ vergibt oder das Musée Central mit einer Wechselausstellung digitaler Kunst).
14. Es fehlt an Trainings-, Lehr- und Lernorten für Studierende, Volontär:innen, Professionals in Weiterbildung, die Ausstellungen digital kuratieren und damit die kuratorische und vermittelnde Praxis „einüben". Virtuelle Museen können damit Übungsszenarien schaffen, wie z. B. auch in der medizinischen Ausbildung, im Maschinenbau, der Elektrotechnik und vielen weiteren Bereichen Simulationen als Lernerfahrungen genutzt werden.
15. Themen und Inhalte sollen präsentiert werden, die das Potenzial und die Intention haben, sich mit Co-Creation durch Besucher:innen und mit Communitybuilding weiterzuentwickeln – was online oder über Verknüpfungen mit Social Media leichter umsetzbar sein kann als im analogen Raum.

4. ZIELGRUPPEN UND KUND:INNENNUTZEN

4.1. Zielgruppen definieren

(REINHARD GRÖNE UND JULIA RÖMHILD)

Als Ziel- und Interessengruppen („Stakeholder:innen") kommen alle Adressat:innen in Frage, die auch „Mitspieler:innen" bei analogen Museen sind. Eine besondere Chance der Erweiterung bietet die Ubiquität. Stakeholder:innen (in der deutschsprachigen Literatur zumeist „Anspruchsgruppen") sind alle Personen, Personengruppen und Institutionen, die an einem Sachverhalt Interesse haben, von ihm betroffen sind und evtl. Ansprüche an ihn herantragen (können). Im Folgenden soll ein kurzer Blick auf die wohl wichtigste Stakeholder:innen-Gruppe geworfen werden: die Besucher:innen oder Nutzer:innen.

Als *Nutzer:innen* sind für virtuelle Museen grundsätzlich das übliche analoge Museumspublikum denkbar: dieses ist in sich ja bereits sehr divers. Hilfreich sind hier Ansätze zur Besucher:innen-Typisierung wie beispielsweise die Typologie von John Falk (2009), der Besucher:innen anhand ihrer Besuchsmotivation in *Explorer, Professionals, Facilitators, Experience Seekers* und *Recharger* einteilt.

Aufbauend auf dieser Einteilung leiten Stender und Stärk (2022) in ihrer **Art 4.0-Toolbox**[1] digitale Nutzer:innen-Profile ab, welche den Besonderheiten des digitalen Publikums Rechnung tragen:

- *Unterhaltungsnutzer:innen*, die digitale Sammlungen „besuchen", um etwas Neues zu entdecken und unterhalten zu werden.
- *Professionelle Nutzer:innen*, welche beruflich mit der Kulturbranche in Verbindung stehen und gezielt Informationen zur Nutzung im professionellen Kontext suchen.
- *Hobbynutzer:innen*, die innerhalb ihrer Freizeitgestaltung gezielt nach einem Zugewinn an Wissen streben und aus Eigenantrieb etwas lernen möchten.
- *Kreativschaffende*, die auf der Suche nach speziellen Informationen, Free-Choice-Learning-Optionen oder (frei) verwendbarem Bildmaterial sind.
- *Kulturtourist:innen*, die einen analogen Museumsbesuch inhaltlich vor- oder nachbereiten möchten.
- *Kommerzielle Nutzer:innen* als Sondergruppe, die ausschließlich an hoch auflösbarem Bildmaterial zur Weiterverwendung interessiert sind.

1 **https://www.kuk.hhu.de/curriculum-40-nrw-digitale-kunstvermittlung-art-40** [abgerufen am 13.06.2024].

Darüber hinaus lassen sich Zielgruppen online auch nach der Intensität der Nutzung einteilen, je nachdem, ob sie

- Informationen und Inhalte passiv konsumieren, also nur „mitlesen" („*passive users*"),
- Über eigene Profile mit den Institutionen verbunden sind und so auch Informationen erhalten („*online connectors*"),
- Informationen sammeln und taggen („*online collectors*"),
- Beiträge kommentieren und aktiv in den Austausch gehen („*online contributors*") oder
- Als *Prosumenten* eigene Inhalte schaffen und User:innen-Generated-Content kreieren („*creators of online-content*").

Entscheidend ist hierbei, dass für das *Audience Development* – das Gewinnen und „Entwickeln" neuer Zielgruppen – über die Virtualisierung der Abbau von (analogen) Barrieren möglich erscheint: Virtuelle Räume lassen Distanzen jeglicher Art überwinden: örtlich, zeitlich und auch sozial. Kulturelle Teilhabe kann so mitunter besser ermöglicht werden, da zusätzliche Zielgruppen erreichbar werden („Outreach"), zum Beispiel:

- Musik-, Videostreaming-, und Podcast-Nutzer:innen sowie Gamer:innen als Unterhaltungsnutzer:innen[2], darunter auch sogenannte „bildungsferne" Schichten.
- Themen-Interessierte als professionelle Nutzer:innen oder Hobbynutzer:innen, die nicht nach kultureller Zerstreuung suchen, sondern nach Wissen über ein bestimmtes (Nischen-)Thema.
- Kinder und Jugendliche, die über schulische Angebote im Bereich der Medienbildung an virtuelle Museen herangeführt werden können und damit die Bildungsinstitutionen bzw. Lehrkräfte selbst, die solche Angebote machen möchten.

Voraussetzung für eine erfolgreiche Zielgruppenidentifikation und -ansprache (Marktsegmentierung) und damit für ein erfolgreiches Audience Development ist jedoch eine idealerweise vorangegangene und auch begleitende Publikums- bzw. Nutzer:innenforschung, welche sich mit Fragen auseinandersetzt wie zum Beispiel:

- Wer interessiert sich für das ausgewählte Thema?
- Auf welchen Wegen erreiche ich *das* Publikum (besser: ein Publikumssegment)?
- Welche Erwartungen hat *das* Publikum? An die Inhalte? An die Vermittlungsangebote? An zusätzliche Services?
- Welche Motive oder Barrieren gibt es möglicherweise für Besuch oder Nicht-Besuch?

Bei den „Shareholder:innen" als einer weiteren Untergruppe der Stakeholder:innen sind zwei Ausprägungen von Anteilseigner:innen kulturrelevant (allerdings gibt es auch Mischformen wie die „Private-Public-Partnership"):

2 Vgl. zur Mediennutzung im Intermediavergleich sowie zu den Nutzungsmotiven in Deutschland weiterführend ARD/ZDF: Studie Massenkommunikation 2021, **https://www.ard-zdf-massenkommunikation.de** [abgerufen am 14.01.2024].

- *Öffentlich-rechtliche Shareholder:innen:* Durch öffentliche Mittel geförderte und betriebene öffentlich-rechtlich begründete Institutionen – meist aktiv bei Bildung/Vermittlung bzw. Kulturpflege.
- *Private Shareholder:innen* mit zwei unterschiedlichen Absichten:
  - Gesellschaftspolitische Positionierung des:der Shareholder:in (Mäzenatentum, Corporate Social Responsibility, Corporate Citizenship)
  - Selbsttragend als Kompetenzzentrum (inkl. Beratung & Verkauf)

Beide „Shareholder:innen"-Typen sind grundsätzlich nicht in erster Linie auf Gewinn ausgerichtet. Damit ist die Forderung des aktuellen Prager ICOM-Definitionsvorschlages „not for profit" erfüllt. Genauso wie die Forderung nach „permanent institution" – da spielt es keine Rolle, ob das Museum in der On- oder Offline-Welt zum Besuch einlädt. Die neue ICOM-Definition ist in diesen Punkten zukunftsorientiert – wichtig schon deshalb, weil sonst keine Anerkennung als „Museum" erfolgt – was einem unter Umständen entscheidenden Wirkungsverlust gleichkommt.

4.2. Multiplikator:innen definieren

(REINHARD GRÖNE)

Mögliche Multiplikator:innen für ein virtuelles Museum sind so vielfältig wie die Themen, die in einem virtuellen Museum zugänglich gemacht werden. Sie finden sich im Kreis genau der *Stakeholder:innen*, die zum thematischen Umfeld des Museums gehören. Grundsätzlich unterscheiden sie sich wenig von den Multiplikator:innen, die auch ein analoges Museum in seiner öffentlichen Wahrnehmung unterstützen. Benötigt wird die Unterstützung von Multiplikator:innen im laufenden Betrieb eines virtuellen Museums bei verschiedenen Aufgaben. Besonders aber werden sie bei der Inbetriebsetzung des Museums benötigt, um ihre *peer groups* auf das (neue) virtuelle Museum aufmerksam zu machen.

Die Gewichtung von Multiplikator:innen ist teilweise sehr unterschiedlich. Und besonders der Einsatz, den Multiplikator:innen aufwenden müssen, ist in der digitalen Welt meist deutlich niedrigschwelliger. Einmal produzierte Inhalte und Botschaften aller Art sind ohne großen Aufwand per Knopfdruck zu duplizieren und zu teilen. Und lassen sich leicht auf sowieso schon vorhandenen und bespielten Kommunikationskanälen unter dem:der eigenen Absender:in verteilen.

Bei den Multiplikator:innen sind allen voran die Initiator:innen, die *Betreiber:innen*, des virtuellen Museums zu nennen. Sie haben – wie in der analogen Welt – ein substantielles, bisweilen auch ein intrinsisch geprägtes Interesse, dass *ihr* Thema möglichst viele Besucher:innen anzieht und/oder eine große Sichtbarkeit erzielt. Dabei sind ausreichende Besucher:innenzahlen die Voraussetzung für den nachhaltig wirtschaftlichen Betrieb eines jeden Museums. Egal, ob es *public* oder *private* oder in einer Mischform unterhalten wird. Die Währung „Besucher:in" bleibt. Im digitalen Universum sind es die „Klicks" (z. B. Page Impressions, Unique Visitors), die gebraucht werden und als einer der möglichen Erfolgsparameter gelten. Ein virtuelles Museum ohne Klicks steht irgendwann genauso zur Disposition wie ein „besucher:innenloses" Museum in der analogen Welt.

Weitere interessierte Multiplikator:innen sind die mit den jeweiligen Themenfeldern verbundenen Interessengruppen. Zusammenschlüsse und Verbände, die *ihr* Thema voranbringen wollen. Voraussetzung ist dabei, dass geeigneter Content, aufmerksamkeitsstarke Botschaften und Einladungen zur Verfügung stehen, die sich aufgrund ihrer Digitalität leicht weiterverarbeiten und unkompliziert weiterleiten lassen. Versehen mit direkten Links zum jeweiligen Museum positionieren sie auch den Verband als kompetenten Informanten. So führen sie zu einer belastbaren Win-Win-Situation für alle am Prozess Beteiligten.

Aber nicht nur die themenorientierten Verbände können sich so bestens positionieren, auch die Museumswelt selbst kann sich zeitgemäß und zukunftsorientiert aufstellen. Wenn die Arbeit, die auch virtuelle Museen leisten, den aktuellen Museumsanforderungen der nationalen wie internationalen Museumsverbände gerecht wird, können auch sie sich an die Spitze der digitalen Entwicklung stellen. Die Vorteile der digitalen Duplizierbarkeit gelten auch hier.

Genauso werden Förder:innen und Sponsor:innen von Aktivitäten virtueller Museen in die Lage versetzt, ihre Unterstützung direkt und ohne eigenen Aufwand mit ihren eigenen Kund:innen zu teilen. Ein Multiplikator-Effekt, der auf die eigene Marke einzahlt – aber gleichzeitig auch potentielle Interessent:innen für das virtuelle Museum und seine Arbeit gewinnen kann.

Auf diesen Zug können auch *Blogger:innen* und *Influencer:innen* leicht aufspringen. Wenn das virtuelle Museum spannenden Content zu erzählen hat, werden sie dieses *Storytelling* für die Relevanz ihrer eigenen Kanäle und zur Generierung weiterer *Follower:innen* nutzen. Denn auch hier sind Klicks die entscheidende Währung. Blogger:innen und Influencer:innen machen sich dadurch natürlich auch selbst für die Museums-Sponsor:innen interessant.

Auch die Museums-Besucher:innen selbst können leicht in ihrem Umfeld zum:zur interessierten Botschafter:in werden. Originelle Angebote, zudem individualisierbar aufbereitet für die Verbreitung in den Sozialen Medien, machen die Mund-zu-Mund-Propaganda der analogen Welt durch die spielend leicht einsetzbare digitale Verbreitung deutlich effektiver: Der:die Besucher:in selbst macht sich interessant für seine Freund:innen und Follower:innen.

Und wenn das virtuelle Museum auch noch ähnlich wie bei Crowdfunding-Kampagnen mit attraktiven und beliebten „Gimmicks" eine eigene Community initiiert, aufbaut und pflegt, dann zahlt sich das schnell in weiteren Klicks aus. Zu solch einem Community Building gehört dann auch ein Museums-Shop, der in Sachen Kund:innenbindung und Kund:innenidentifikation einen Beitrag leistet.

Bei aller Digitalität sollte die „klassische" analoge PR-Arbeit nicht ausgeblendet werden. Gerade dann, wenn ein virtuelles Museum auch mit hybriden Formaten wie zeitlich limitierten *Pop-up-Museums-Aktionen* in die Welt zieht. Die virtuelle Welt wird die persönliche Begegnung nicht ersetzen. Wir werden uns nicht im Metaversum auflösen, Menschen sind keine digitalen Wesen.

5. MEHRWERT

5.1. Werteversprechen und Wettbewerbsvorteile virtueller Museen (JULIA RÖMHILD)

In generalisierter Form lässt sich das Wertversprechen von virtuellen Museen sicherlich wie folgt auf den Punkt bringen: *Vernetztes Wissen und Kultur. Für Alle. Immer. Überall.*

Ein Wert- oder Nutzenversprechen stellt dabei gleichzeitig die Unique Selling Proposition (USP) dar, also das Alleinstellungsmerkmal aus Perspektive des jeweiligen Kulturschaffenden oder Kulturbetriebes, das ein Kulturangebot macht (vgl. Homburg 2020, S. 621; Günter/Römhild 2023, S. 78). Dabei handelt es sich um ein Argument, warum das Angebot vorziehenswürdig sein will. Erst wenn ein solches Merkmal eines Kulturangebots auch von den adressierten Zielgruppen, also vom Publikum, als solches wahrgenommen wird, kann ein Wettbewerbsvorteil gegenüber relevanten Konkurrenzangeboten realisiert werden. Wettbewerbsvorteile kommen entsprechend nur zustande, wenn sie sich auf Leistungsbestandteile eines:r Anbieter:in beziehen, die

- aus Sicht der Zielgruppen relevant sind
- für diese wahrnehmbar sind und welche
- dauerhaft und effizient
- gegenüber der Konkurrenz verteidigt werden können (vgl. Meffert et al. 2019, S. 59).

Um Alleinstellungsmerkmale und damit potentielle Wettbewerbsvorteile auf Seiten virtueller Museen zu identifizieren, ist dafür zunächst ein Verständnis der Art der Museumsleistungen wichtig – im Allgemeinen und im Sonderfall virtueller Museen, wie in Kapitel drei dargestellt.

Als allgemeines Oberziel von Kulturbetrieben kann sicherlich festgehalten werden, Kunst und Kultur zu ermöglichen und dem Publikum zugänglich zu machen. Bei den durch Museen angebotenen Leistungen handelt es überwiegend um kulturelle Dienstleistungen. Weshalb sich folgende Fragen ergeben:

- Was ist das Wesen von Dienstleistungen?
- Was können Kern- und Zusatzleistungen virtueller Museen sein?
- Wie gestaltet sich das Wesen der Dienstleistung im virtuellen Raum im Unterschied zum analogen Museum?
- Welche (potentiellen) Wettbewerbsvorteile ergeben sich für virtuelle Museen?
- Welches Nutzenversprechen ergibt sich daraus?

Dienstleistungen sind selbständige, marktfähige Leistungen (vgl. Meffert et al. 2019, S. 29), die mit der Bereitstellung und dem Einsatz von Leistungsfähigkeiten verbunden sind. Dabei sind diese Bereitstellungsleistungen bei virtuellen Museen vornehmlich nicht-physischer

Art (digitale statt analoge Ausstellungsräume, Onlineshops etc.). Der Leistungserstellungsprozess erfordert eine Kombination von internen und externen Faktoren. Bereitgestellte digitale Räume, Exponate und Informationen, Games aber auch Live-Führungen entfalten erst ihren Nutzen, wenn digitale Besucher:innen die Leistungen auch in Anspruch nehmen, sich einbringen und mitmachen. Die Herausforderung liegt hierbei sicherlich in der Gestaltung des „Aufeinandertreffens" mit den Besucher:innen sowie gegebenenfalls – beispielsweise durch die Verwendung von Avataren – den Besucher:innen untereinander.

Im Folgenden soll der Versuch unternommen werden, potentielle Wettbewerbsvorteile für virtuelle Museen herauszustellen, welche möglicherweise zur Positionierung im Wettbewerb genutzt werden könnten. Es können grundsätzlich vier Arten von positionierungsrelevanten Wettbewerbsvorteilen unterschieden werden:

Der *Qualitäts- oder Nutzenvorteil* bezieht sich auf überlegene Eigenschaften des Angebots und damit einen Nutzenvorteil auf Seiten des:der Kund:in im Vergleich zu Wettbewerbsangeboten. Die Qualität kann sich hierbei auf die Inhalte des Museums beziehen: So können Nischenthemen besetzt werden, die in physischer Form so museal bisher nicht oder nur schwer zu erfassen sind. Formal gesehen ist die Vermittlung anderer „Wissensarten" (z. B. Handlungswissen) virtuell möglich über neue Wege der Wissensvermittlung (siehe Formate in Kap. 13) wie Gamification, Tutorials etc. in Kombination mit Virtual Reality-Anwendungen. Zudem lässt die Virtualität ganz andere Ausstellungsdesigns und andere Arten von „Räumen" zu und kann so über ein innovatives Webdesign zu einem Qualitätsvorteil werden. Auch der Aspekt der (weltweiten) Vernetzung des Wissens kann zum Aufbau eines Kompetenzzentrums beitragen. Ein weiterer Qualitätsaspekt könnte in der Partizipationsmöglichkeit liegen: Co-Creation durch die Nutzung von Crowdsourcing und Schwarmintelligenz. Auch die „physische Barrierefreiheit" kann zu einer Vorziehenswürdigkeit virtueller Museen führen. Eine „virtuelle Barrierefreiheit" für blinde und taube Menschen muss allerdings von Anfang an bei der Konzeption mitgedacht werden. Auch können mithilfe der Anwendung von Social XR auf Live-Events in virtuellen Museen hunderte von Besucher:innen zeitgleich zusammenkommen, gemeinsam Kultur erleben, Spaß haben und sich kennenlernen. Oder zwei Freund:innen treffen sich zur Ausstellungseröffnung, obwohl eine:r in Deutschland und eine:r in den USA wohnt. Dabei ist einzig der Zeitpunkt zu koordinieren, denn physisch können sich die Besucher:innen auf verschiedenen Kontinenten befinden. Soziale Kontakte und gemeinsame Erlebnisse können dabei ohne viel Koordinationsaufwand gepflegt und geteilt werden.

Ein *Kostenvorteil* zielt auf einen Vorteil durch geringere Kosten auf Seiten des:der Kund:in ab. Damit gemeint sind die Total Cost of Ownership (hier angepasst: Total Cost of Visitorship oder Total Cost of Participation), also alle monetären Kosten, die für den:die Besucher:in anfallen – Tickets, Führungen, Paid Content, aber auch: Energiekosten bei Nutzung des virtuellen Museums, Kosten für Hardware-Anschaffung und -Betrieb etc. Diese sind wahrscheinlich – müssen aber je nach Erlösmodell nicht – geringer als bei einem vergleichbaren Besuch eines analogen Museums, für dessen Besuch Anfahrtskosten, Parkgebühren etc. zusätzlich anfallen können. Hier ist in jedem Planungsfall die Preisbereitschaft (Zahlungsbereitschaft) des Publikums beispielsweise für Tickets mit einzubeziehen, welche möglicherweise im digitalen Raum geringer ist.

Der *Zeitvorteil* bezieht sich auf die schnellere Verfügbarkeit von Angeboten und Leistungen. Virtuelle Museen sind per se jederzeit und prinzipiell auch überall verfügbar. Sie sind nicht an Öffnungszeiten, Termine und Orte gebunden, dennoch sind auch zeitgebundene virtuelle Events denkbar und sinnvoll, um Präferenzen zu erzeugen und zu nutzen.

Der *Verlässlichkeitsvorteil* entsteht, wenn ein:e Anbieter:in sein:ihr Leistungsversprechen mit höherer Wahrscheinlichkeit einhält als die Konkurrenz. Verlässlichkeit lässt sich im virtuellen Raum sicherlich insbesondere über ausreichend hohe Serverkapazitäten und damit über Online-Erreichbarkeit herstellen. Da Verlässlichkeit auf Vertrauen basiert, hat ein virtuelles Museum über verschiedene Mechanismen Vertrauen zu seinen Stakeholder:innen aufzubauen, z. B. über personelle Elemente des Auftritts, über Garantien, über das Einhalten von Zusagen usw.

Die aufgezeigten möglichen Wettbewerbsvorteile sind sicherlich an die Inhalte und die Struktur des jeweiligen virtuellen Museums anzupassen. Es ist eine entsprechende Fokussierung vorzunehmen – mit hoher Wahrscheinlichkeit im Bereich des Qualitätsvorteils. Zudem ist zu prüfen, ob die behaupteten Wettbewerbsvorteile aus Publikumssicht überhaupt relevant und wahrnehmbar sind.

Im Zusammenhang mit der Positionierung des Angebots ist es wichtig zu wissen, mit welcher Art von Konkurrenz sich virtuelle Museen konfrontiert sehen. Die Frage, die sich hier stellt, betrifft die Marktabgrenzung: Wie „eng" oder „weit" wird Konkurrenz definiert? Werden ausschließlich virtuelle Museen als Konkurrenz betrachtet? Analoge Museen? Wird die Perspektive ausgeweitet auf jegliche Art von Kulturangeboten? Oder virtuelle Angebote? Games?

Die Beantwortung hängt im Wesentlichen von der Zielgruppendefinition ab (Kap. 4). Dabei ist zumindest zu hinterfragen, ob das digitale Publikum virtueller Museen nicht auch analoge Konkurrenzangebote in Betracht zieht.

5.2. Wie nachhaltig können virtuelle Museen aus betriebsökologischer Perspektive sein? (REBECCA HEINZELMANN UND LAURA ZEBISCH)

Das Potenzial, durch Digitalisierung eine Reduktion der Treibhausgasemissionen zu erreichen, ist hoch (weiterführend Hessische Staatskanzlei 2021, S. 42). In den vergangenen Jahren ist die Digitalisierung jedoch mit einem stetig steigenden Energie- und Ressourcenbedarf einhergegangen (vgl. WBGU 2019, S. 9). 2020 sind geschätzte 1,8 bis 3,2 % der globalen Treibhausgasemissionen auf die Produktion, Nutzung und Entsorgung digitaler Geräte und Infrastrukturen zurückzuführen (vgl. Brüggemann 2021). Hinter digitalen Technologien verbergen sich eine Reihe von offensichtlichen Umweltauswirkungen (z. B. Energieverbräuche) bis hin zu versteckten Folgen (z. B. Materialabbau). Ihr ökologischer Fußabdruck setzt sich u. a. aus der Stromnutzung beim Betrieb der technischen Geräte, dem Rohstoffaufwand beim Herstellungsprozess, den freigesetzten Emissionen bei der Datenübertragung und der Arbeit der Rechenzentren zusammen.

Wie aber kann der ökologische Fußabdruck virtueller Museen erfasst und reduziert werden?

Eine Möglichkeit, physische und virtuelle Museen im Hinblick auf deren „Umweltfußabdruck" zu vergleichen, kann mithilfe der Bewertungsmethodik *Green Cloud Computing (GCC)* = funktionieren (weiterführend UBA 2021, S. 42–43). Dieser liegt die Formel

$$GCC = \frac{Aufwand}{Nutzen}$$

zugrunde (vgl. ebd., S. 52). Mit ihr lassen sich beispielsweise auch die CO_2-Emissionen zur Erbringung einer virtuellen Dienstleistung, d. h. auch eines virtuellen Museumsbesuchs, berechnen. Hierbei ist zunächst eine passende Bezugsgröße (Recheneinheit) festzulegen, die sowohl im analogen wie auch im digitalen Raum mit allen dazugehörigen beeinflussenden Parametern gilt und für die sich Nutzen (Kap. 5.1) und Aufwand herausarbeiten lassen. Naheliegend ist es, die durchschnittliche Aufenthaltsdauer in einem Museum, die zwischen ein oder zwei Stunden liegt (vgl. Schößler 2020), oder die mögliche Daueraufmerksamkeit, die für zwanzig Minuten bei der Rezeption von Ausstellungsinhalten erbracht werden kann (vgl. Höge 2016, S. 272), im Hinblick auf die Dienstleistung Museumsbesuch zu verwenden. Das ist darüber hinaus auch unter Berücksichtigung der unterschiedlichen Nutzungsintensitäten verschiedener Zielgruppen interessant (Kap. 4.1). Eine Erläuterung des genauen Rechenweges zur Ermittlung der GCC-Kennzahl(en) würde an dieser Stelle zu weit führen, ist aber in der eingangs erwähnten Studie des UBA detailliert und anwendungsbezogen nachzulesen (weiterführend UBA 2021, S. 106–137).

Ungeachtet des Vergleichs der Umweltverträglichkeit von physischen und virtuellen Museen, sollten u. a. die nachfolgenden kurz- bis langfristigen Fragen und Maßnahmen im Vorfeld der Errichtung einer digitalen Institution oder beim bereits in Betrieb genommenen virtuellen Museum geklärt werden. Ein Anspruch auf Vollständigkeit wird dabei nicht erhoben! Die Wahl der Strategie, die bei der Bearbeitung der nachfolgend aufgelisteten Fragen angewendet wird, hat starken Einfluss auf die Ableitung der damit einhergehenden Nachhaltigkeitszielsetzungen. Um langfristig zu einer Kultur der Nachhaltigkeit (exemplarisch dazu Römhild und Heinzelmann 2023) beizutragen und die gesellschaftlich angestrebte Nachhaltigkeitstransformation zu unterstützen, sollten vor allem neben effizienz- und konsistenzstrategischen Ansätzen, die der Suffizienzstrategie berücksichtigt werden (exemplarisch zu den Nachhaltigkeitsstrategien Hahn 2022, S. 30–40). Bei der Suffizienz geht es darum weniger, langsamer und regional zu agieren und zu konsumieren, indem die Bedürfnisorientierung hinterfragt wird. Ziel ist es, möglichst lange etwas zu nutzen, wiederzuverwenden, Konsum zu vermeiden und/oder zu reduzieren. *User-centered-* oder *human-centered-design* sind u. a. ein möglicher Schlüssel hierfür. Dies gilt es zu diskutieren und zu hinterfragen. Santarius und Lange postulieren ergänzend zur Suffizienzstrategie Leitprinzipien einer zukunftsfähigen Digitalisierung. Dazu zählt auch die Digitale Suffizienz mit den Gestaltungsspielräumen der *Techniksuffizienz, Datensuffizienz* und *Nutzungssuffizienz* (Santarius und Lange 2018, S. 143–166). Sie wurden ebenfalls bei der Formulierung der kurz- bis langfristigen Fragen und Maßnahmen berücksichtigt.

Kurz- und mittelfristige Fragestellungen sowie Maßnahmen, mit welchen der Herausforderung im Bereich ökologisch-nachhaltige Digitalisierung begegnet werden kann, sind unter anderem folgende:

- Welcher Strom wird für den Betrieb der Website des virtuellen Museums genutzt bzw. soll genutzt werden? Ein Wechsel zu Ökostrom steigert den Anteil erneuerbarer Energien am gesamten Energieverbrauch und reduziert den Verbrauch fossiler Energieträger. Es sollte also überprüft werden, ob der Host der Website Ökostrom nutzt. Dies kann mit verschiedenen Tools (z. B. dem Website Carbon Calculator, online abrufbar unter **https://www.websitecarbon.com**) oder mit direkten Anfragen vorgenommen werden.
- Ist die Konzeption der Website bzw. die digitale Wegführung in meinem virtuellen Museum benutzer:innenfreundlich gestaltet? D. h. sind unnötige Klicks vermeidbar, auch wenn Klicks ein Erfolgsparameter darstellen (Kapitel 4.2, 15.4)?
- Sind die Server und Datenspeicherprodukte, die in Anspruch genommen werden, umweltfreundlich und gegebenenfalls sogar zertifiziert? (weiterführend UBA 2022)
- Welche Voreinstellung bezüglich der Auflösung der digitalen Ausstellungsobjekte und Abbildungen wurden getroffen? Empfehlenswert für die bloße Vorschau sind möglichst geringe Auflösungen.
- Werden automatische Wiedergaben von Videos vermieden? Etwa 60–70 % des weltweiten Datenvolumens entfallen auf das Streaming von Filmen (vgl. Brandt 2020).
- Kann das Erzeugen digitaler Duplikate vermieden werden, indem für die Einbindung der digitalen Sammlung beispielsweise die Lagerung der Daten auf den Servern der Europeana oder museum-digital genutzt wird?
- Cookies: Welche Daten brauche ich wirklich? Wie viel Datenverkehr muss erzeugt und gespeichert werden?

Langfristige infrastrukturelle Entscheidungen, die entweder bereits in die Planung virtueller Museen integriert werden sollten oder für die Reflexion bestehender Strukturen dienen können, sind beispielsweise:

- Wie energieeffizient ist die Technik (Hardware), die verwendet wird? Lohnt sich auf lange Sicht ggf. der Umstieg auf Endgeräte, die mit dem Umweltzeichen Blauer Engel zertifiziert sind?
- Wie datenintensiv muss die Software wirklich sein, die entwickelt wird? Erstrebenswert sollte es sein, dass das virtuelle Museum technisch so konzipiert wird, dass es einwandfrei auf möglichst unterschiedlicher Hardware (Laptops, Smartphones usw.) unterschiedlichen Alters funktioniert und diese selten ausgetauscht werden muss (vgl. Santarius und Lange 2018, S. 152). Technisch gilt es, den Code des Museums so zu schreiben, dass es einfach modular erweiterbar ist (Stichwort: Langlebigkeit des virtuellen Museums). Über Open Source und Open Access sollte auch nachgedacht werden, damit Wissen nachhaltig genutzt werden kann und Ressourcen nicht unnötig gebunden werden (weiterführend Team Z museum4punkt0 2021). Eine zentrale

Frage hierbei ist: Kann man die digitale Infrastruktur des virtuellen Museums ggf. auch für andere Projekte weiternutzen bzw. kann sie nachgenutzt werden?
- Werden die Nutzer:innen bzw. die Besucher:innen virtueller Museen hinsichtlich eines verantwortungsvollen digitalen Umgangs sensibilisiert und weitergebildet? Kann das Museum Nutzungsempfehlungen zu Auflösungseinstellungen etc. geben?
- Werden von der genutzten KI, die ggf. im virtuellen Museum eingesetzt wird, auch Umweltziele und Werte miteinbezogen bzw. von deren zugrundeliegenden Code? Wie angepasst ist der KI-Code an sozio-ökologische Ziele? (vgl. Gailhofer 2023, S. 3, 13) Erwähnenswert ist an dieser Stelle, dass für die Folgen der KI-Anwendungen für Klima und Umwelt noch zu wenig Daten bezüglich des Energie- und Ressourcenverbrauchs vorliegen, um hierzu wirklich belastbare Aussagen treffen zu können (Stichwort Rebound-Effekt), vor allem wenn sie sich durchgesetzt haben und der Gebrauch alltäglich ist. Dies gilt auch für einen museumsspezifischen KI-Einsatz, wie z. B. bei der Wegeführung durch das virtuelle Museum. Zu hinterfragende ökologische Kriterien und Indikatoren können u. a. bei „Nachhaltigkeitskriterien für künstliche Intelligenz – Entwicklung eines Kriterien- und Indikatorensets für die Nachhaltigkeitsbewertung von KI-Systemen entlang des Lebenszyklus" von Algorithm Watch nachgelesen werden.
- In regelmäßigen Abständen sollte hinterfragt werden, was digitalisiert und mithilfe eines virtuellen Museums digital zugänglich gemacht wird: Wie werden Inhalte wahrgenommen? Welche Indikatoren zeigen die Nutzung der Exponate eines virtuellen Museums? Was passiert, wenn Exponate nach einem definierten Zeitraum weder geklickt noch konsumiert wurden? Gibt es festgelegte Zeiträume (ähnlich Ausstellungszeiten) nach welchen sich Inhalte ändern? Welche Inhalte konsumieren welche Zielgruppen? (Stichwort Langzeitarchivierung oder fluktuierende Informationen: Welche Daten sollten in exponentiell wachsenden Massenspeichersystemen erhalten werden?)

Neben den kurz- bis langfristigen Fragen und Maßnahmen, denen es sich vor dem Hintergrund virtueller Museen zu stellen gilt, sind aber auch einige Potenziale zu nennen, die virtuelle Museen bei der Berücksichtigung eines umweltfreundlichen bzw. schonenden Umgangs mit digitalen Infrastrukturen und Endgeräten mit sich bringen können:

- Einsparungen von CO_2-Emissionen durch ausbleibende Transporte von Exponaten und Kunstwerken für Sonderausstellungen.
- Einsparungen von CO_2-Emissionen durch die Verringerung des Publikumsverkehrs und trotzdem weltweite Vernetzung (Kapitel 5.1) (vgl. Bitkom 2020, S. 36).
- Reduktion von Pendelfahrten durch Homeoffice oder Reduktion von Geschäftsreisen durch Videokonferenzen (Rechenbeispiel weiterführend in UBA 2021, S. 136).
- Ressourceneinsparungen sind dadurch möglich, dass keine materialintensiven Museumsbauten entstehen, es kein Print-Begleitmaterial oder ressourcenintensive Ausstellungsumbauten gibt und kein physisches Ausstellungsmobiliar benötigt wird.

Trotzdem sollte der Ressourcenverbrauch im Zusammenhang mit der Hardware und dem Betrieb der digitalen Infrastruktur nicht unterschätzt werden (vgl. Bitkom 2020, S. 11).

Ein abschließender Vergleich der Umweltauswirkungen physischer und virtueller Museen ist nur sehr eingeschränkt möglich, da die Qualität, Merkmale sowie Umweltfaktoren der einander gegenüber gestellten Museen sich gleichen müssten. Des Weiteren ist eine vollständige Ökobilanz nicht abbildbar, da bei umfassenden Untersuchungen auch „die Energieverbräuche der jeweiligen Arbeitsorte (z. B. Heizenergie, Beleuchtung), das veränderte Konsumverhalten (z. B. Küche, Kantine, Bekleidung), die Rebound-Effekte (z. B. zusätzliche Meetings, doppelte Büroausstattung) und ggf. noch weitere Faktoren berücksichtig[t]" werden müssten (UBA 2021, S. 135). Digitalisierung sollte kein Selbstzweck sein. Jede digitale Handlung, jedes digitale Produkt und jede digitale Dienstleistung hat, genauso wie die der analogen Welt, eine Umweltauswirkung. Wichtig ist es, die Zusammenhänge der Digitalisierung und Umwelt aufzudecken und anhand der in diesem Kapitel aufgeworfenen Fragen zu reflektieren.

6. GESCHÄFTSMODELL

6.1. Die Founders Journey: Von der Idee zum Businessplan

(REINHARD GRÖNE)

Wer sich mit einer Museumsgründung – und das gilt auch für das virtuelle Museum – befasst, begibt sich auf eine komplexe Reise. Zur Validierung bietet sich ein vierstufiger Prozess an, den Unternehmungen aller Art sinnvollerweise durchlaufen. Damit am Ende des Weges auch ein Museum entsteht, das glaubwürdig, relevant und belastbar in die Landschaft passt und das auf sicheren Füßen steht, also über ein ausreichendes Budget verfügt, damit es nicht zeitnah wieder schließen muss oder gar nicht erst eröffnet werden kann. So wie Grundstücke und Baumaterial, Architekt:innen und Statiker:innen braucht auch das virtuelle Museum professionelle Grundlagen und Partner:innen: Internetprovider, belastbare Server, Programmierer:innen, Designer:innen, Lieferant:innen für verbalen und visuellen Content, evtl. eine Art Redaktion und Curatorship.

Was für die Gründungsphase gilt, setzt sich beim späteren Betrieb fort: Museumsleitung, Kuratieren, Ausstellungs-Content und immer wieder neue Impulse und/oder Attraktionen, die 24/7 weltweite Besucher:innen anzuziehen in der Lage sind.

Für einen ersten „Quick Check" stellen sich sechs Fragenkomplexe:

- Welches Thema ist identifiziert, das eine museale Würdigung und Aufarbeitung wert ist? Und Besucher:innen, Nutzer:innen und Expert:innen interessiert?
- Wie werden die Aspekte „Sammeln, Bewahren, Forschen, Ausstellen und Vermitteln" aufbereitet?
- Was macht das Museum einzigartig? Wie wird es auch langfristig zum Publikumsmagneten?
- Mit welchem Geschäftsmodell tritt das Museum an? Ist es ausschließlich auf öffentliche Förderung angewiesen? Ist ein „Hybrid" denkbar, z. B. eine Public Private Partnership? Oder wird es vollständig privatwirtschaftlich betrieben?
- Welche Skills fehlen dem oder den Gründer:innen? Welche Unterstützung von Experten wird gebraucht, um nicht zu scheitern?
- Was macht das Museum in zehn Jahren spannend? Wie stellt es sich dar? Wo ist es im „Metaversum" verortet?

Im zweiten Schritt wird ein detaillierteres Betreiber- und Geschäftsmodell entwickelt. Dabei hilft ein gegenüber dem Original von Osterwalder modifiziertes Business Modell Canvas.

Die aus dem Ecosystem Startup entliehene „BusinessMap" beleuchtet alle notwendigen Faktoren, die von jeder Unternehmung beachtet werden sollten, wenn sie nachhaltig existieren will. Dabei ist es unerheblich, in welcher Reihenfolge die einzelnen Aspekte von Marktrelevanz bis vorhandene Skills mit belastbarem Inhalt gefüllt werden. Die BusinessMap ist ein assoziativ nutzbares „Dashboard", eine thematisch vorsortierte Mindmap, die alle möglichen Schlüsselfaktoren sammelt und auf den Prüfstand stellt. Ein komplexer Vorgang, der immer wieder Reflektionen erfordert, ob sich ein neu verifizierter Aspekt an anderer Stelle auswirkt oder gar kontraproduktiv erscheint.

Und wenn am Ende beim Gewinn nicht mindestens eine schwarze Null erscheint, muss gegebenenfalls neu gedacht, schlimmstenfalls ein pragmatischerer Ansatz gesucht werden. Ohne funktionierendes Geschäftsmodell bleibt auch die beste aller Ideen auf der Strecke.

Die BusinessMap ist eine Weiterentwicklung des Business Model Canvas (BMC) von Alexander Osterwalder aus „Business Model Generation", Frankfurt 2008.

<table>
<tr><td rowspan="2">Marktrelevanz

Problemlösung?
Innovation?
Disruptions-potential?</td><td>Leistung / Transaktionsobjekt

Angebot?
Produkt?
Dienstleistung?
Rechte?
Patente?</td><td>Werteangebot

Alleinstellung?
Kundenbedarf?
Kundennutzen?</td><td>Kommunikation

Positionierung?
Werbung?
PR?
Customer Journey?</td><td>Kunden, Zielgruppen

Kern-,
Massen-, Nischen-Segmente?
B2C?
B2B?
B2B2C?</td></tr>
<tr><td>Engpässe

Eigene Ressourcen?
Fremde Ressourcen?
Markt-Potential?</td><td>Wettbewerbsvorteil

Preis/Leistung?
Qualität?
Verfügbarkeit?</td><td>Vertriebs & Vertriebswege

Online? Offline?
Lead- & Kundengewinnung?
Angebote?
After Sales?</td><td>Kundenbindung / Beziehungskanäle

Community?
Netzwerk?
Soziale Medien?
Wertschätzung?</td></tr>
<tr><td colspan="2">Kostenstruktur & Kostenhöhe

Einzel- & Gemeinkosten? Fix- & variable Kosten?
Ressourcen? Partner? Lieferanten?
Marketing & Vertrieb?</td><td>Gewinn

Umsatz
minus
Kosten</td><td colspan="2">Umsatz / Erlösquellen

Verkauf? Nutzung? Mitgliedsgebühren? Leasing?
Lizenzen? Abonnement? Angebote?
Verkaufsaktionen? Rabatte? Auktionen?</td></tr>
<tr><td colspan="5">Was treibt mich an? Was sind meine unternehmerischen Skills?

Purpose? Mission? Vision? Skalierbarkeit?</td></tr>
</table>

Abbildung 1: Angel Engine e. V. BusinessMap

Im dritten Schritt geht es um eine verständliche, plakative Selbstdarstellung der Museumsidee. Das kann eine mehrseitige Präsentation sein, vergleichbar einem „Pitch Deck", wie es sich im Ecosystem „Startup" bewährt hat. Das kann aber auch ein kurzer erklärender Film sein, der – ganz dem Thema angemessen – digitale AR und VR-Elemente enthalten kann.

Angesprochen werden sollten:

- Einstieg: Mission und Purpose des Museums
- Zu den Sammlungsinhalten: Was bietet das Museum seinen Besucher:innen, auch für den wiederholten Besuch?
- Wie werden die Museums-Anforderungen erfüllt?

- Wie groß und wer sind die Zielgruppen?
- Was erwarten die Besucher:innen vom Museum?
- Welche Expertise steht hinter dem Gründungsteam?
- Wie finanziert sich das Museum mittel- und langfristig?
- Wie generiert das Museum eigene Einnahmen?
- Wer sind die möglichen Wettbewerber:innen des Museums?

Im vierten Schritt geht es um ein belastbares Geschäftsmodell und einen nachhaltigen Business Plan, der alle am Museums-Thema interessierten Stakeholder:innen und/oder Partner:innen von der Sinnhaftigkeit des virtuellen Museumsprojektes überzeugt.

Im Folgenden werden Eckpunkte einer Empfehlung für die Agenda eines „Museumsplans" gelistet, der ähnlich wie ein klassischer Business Plan aufgebaut sein kann.

- Management Summary
- Museums- und Geschäftsidee
- Wertangebot – Nutzen – Kernkompetenzen
- Vertrieb – Markt & Wettbewerb
- Kund:innen – Vertrieb & Kommunikation
- Gründer:innen – Team & Partner:innen
- Werte – Mission – Purpose
- Unternehmen – Rechtsform & Vorschriften
- Finanzen: Erlöse/Umsatz & Kosten, Kapitalbedarf & Finanzierung, Rentabilität & Liquidität
- Risiken

Der Umfang des Museumsplans sollte 30 Seiten nicht überschreiten. Er ist sachlich, aber dennoch interessant und durchaus auch unterhaltend angelegt. Und möglichst auch genauso formuliert. Schließlich soll schon dem:der Leser:in die Museumsidee Spaß machen und sie soll sie/ihn überzeugen. Sie ist im Sinne des Storytellings spannend erzählt mit einer interessanten Dramaturgie. Das bedeutet, dass bereits am Anfang eines Business- und Museumsplans deutlich gemacht werden soll, welcher:m Leser:in, Besucher:in o. a. welches Werteversprechen und damit welcher Nutzen geboten wird – zunächst in der Planung, später dann als virtuelles Erlebnis im Metaversum.

6.2. Das Geschäftsmodell „virtuelles Museum": Bausteine und Entwicklung

(BERND GÜNTER)

Als Geschäftsmodell bezeichnet man das Konzept für Struktur und Verhaltensoptionen eines geplanten organisationalen Prozesses im Rahmen einer organisationalen Einheit oder eines Netzwerkes. Ahlert, Backhaus und Meffert haben 2001 einen Vorschlag publiziert, wie ein Geschäftsmodell zweckmäßigerweise strukturiert sein kann.

Ein Geschäftsmodell – auch dasjenige einer Kulturinstitution – resultiert aus einer bereits geschärften Geschäftsidee. Es besteht in einem ersten Baustein aus einem Nutzenmodell. Dieses zeigt, welchen Nutzen oder welches Wertversprechen Zielgruppen, Kund:innen (Nutzer:innen, Besucher:innen) – allgemein: Stakeholder:innen – gegeben wird. Ein zweiter Baustein ist das sogenannte Erlösmodell. Es soll die Frage beantworten, wie als Gegenleistung des:der Adressat:in Preise/Erlöse (z. B. Eintrittspreise, Kaufpreise o. a.) formuliert werden. Beispiele für Erlösmodelle sind etwa: Einzelpreise pro Besuch, Abonnements, ArtCards u. a. Ein dritter, umfassender Baustein ist die „Systemarchitektur". Dieser Baustein enthält Überlegungen zu Standort, Organisationsstruktur, Offline- oder Online-Kommunikations- und Vertriebskanälen, Kooperationspartner:innen u. a.

Ein so verstandenes und strukturiertes Geschäftsmodell muss nicht zwingend auf Gewinnerzielung ausgerichtet sein, es kann auch auf Kostendeckung oder andere weniger kommerzielle oder gar auf nicht-kommerzielle Strukturen angewendet werden. Aus einem Geschäftsmodell abgeleitet wird ein „Business Plan" mit konkreteren Planungsdetails zu verschiedenen, das spätere Agieren ausmachenden Organisationselementen.

Für ein virtuelles Museum lassen sich Wertangebote/Wertversprechen denken, die formal an jeder der ICOM-Museumsaufgaben anknüpfen und auch an den in Kapitel drei aufgelisteten Eignungskriterien. Inhaltlich hängt das Nutzenmodell vom geplanten Content ab, von „Sammlungsinhalten" und deren Nutzen für verschiedene Adressat:innen.

Soll das virtuelle Museum ökonomisch betrieben werden, muss zur Kostendeckung zumindest über Erlöse nachgedacht werden, die über eine pauschale Förderung der Trägerschaft hinausgehen. In Frage kommen dabei z. B. Einmal-Zahlungen von Nutzer:innen wie beim Kauf einer App, ebenso In-App-Kauferlöse, aber auch Abonnements, Provisionen von Content-Lieferanten oder Erlöse aus einem Shop des virtuellen Museums. Derartige Angebote können z. B. Bildungsangebote sein.

Für einen Business Plan gibt es genügend Vorbilder aus unterschiedlichen Wirtschaftsbereichen sowie Handreichungen zur idealtypischen Gliederung eines Businessplans – unter anderem durch das Bundesministerium für Wirtschaft und Klimaschutz[1]. Dabei kommt

1 Vgl. hierzu die Handreichung des BMWK: GründerZeiten Nr. 07: Businessplan sowie weiterführend die Website des BMWK zur Existenzgründung, URL: **https://www.bmwk.de/Redaktion/DE/Dossier/existenzgruendung.html** [abgerufen am 13.06.2024].

es darauf an, stets den Nutzen für die Zielgruppen und deren Bindung im Zentrum der Überlegungen zu behalten.

6.3. Der Businessplan: Digital teilweise anders als analog

(REINHARD GRÖNE UND BERND GÜNTER)

Ein Businessplan dient dazu, ein Geschäftsmodell zu konkretisieren und damit externen Stakeholder:innen, aber auch den Gründer:innen selbst zu verdeutlichen, welche Komponenten geplant und realisiert werden müssen, um ein Geschäft „ans Laufen" zu bringen und zielgerecht zu führen. Ein Businessplan sollte mit den Marketing-Komponenten Zielgruppen, Kund:innennutzen und Wertversprechen beginnen und z. B. mit Chancen und Risiken der zwischenzeitlich benannten Aspekte enden.

Im Falle eines virtuellen Museums sind folgende Aspekte zu beachten:

- Digitale Zielgruppen können sich anders verhalten als „analoge" Museumsnutzer:innen
- Die Transaktionskosten für die Nutzung virtueller Angebote sind andere und oft niedriger
- Das Erlösmodell des virtuellen Museums stellt andere und neue Herausforderungen. Es entstehen Fragen eines Zugangsentgeltes, evtl. eines Abonnements, einer externen Finanzierung, Fragen von In-App-Käufen oder enthaltener Werbung bzw. Marktforschung, die zur Finanzierung beitragen.

Generell kann das virtuelle Museum als Two-sided-institution angesehen werden (wie die meisten Medien): Die Systemarchitektur des virtuellen Museums kann bzw. soll offen für Mitwirkung vieler Stakeholder:innen sein, z. B. über User:innen Generated Content. Die verwendete Sprache stellt dabei ein zentrales Problem dar – wenn nicht visuelle Inhalte ohne Sprache thematisiert werden. Struktur der Navigation und zugrundeliegende Hardware- und Software-Entwicklungen sind zu beachten usw.

HOLGER SIMON

7. TECHNISCHE VORAUSSETZUNGEN

Virtuelle Museen, Sammlungen und Ausstellungen sind digitale Angebote, die Besucher:innen online nutzen und besuchen können. Im Unterschied zum „analogen Museum" benötigen die Besucher:innen dafür stets ein Interface, also eine Hardware mit einer für die Anwendung spezifischen Software (vgl. Skizze). Die meisten digitalen Angebote werden heute online über einen Browser oder eine lokale Anwendung wie Apps aufgerufen und gestartet. In beiden Fällen können Daten in beide Richtungen ausgetauscht werden. Es gibt aber auch Anwendungen, wie z. B. bei einigen frühen VR/AR-Anwendungen, die lokal auf dem Desktop PC oder VR-Brille installiert werden müssen und dann völlig autonom agieren. Sie ziehen nur bei Bedarf Ressourcen aus dem Internet.

Virtuelle Museen, Sammlungen und Ausstellungen können wir auf zwei Ebenen unterscheiden: a) in der räumlichen Präsentation der Objekte und b) der sozialen Interaktion (Social Networks) der Besucher:innen untereinander. Je nach Kombination ergeben sich unterschiedliche Typen und technische Voraussetzungen.

A. Keine räumliche Präsentationen/keine soziale Interaktion

Die meisten digitalen Angebote stellen ihre Sammlungsobjekte in Listen und Detailseiten dar (Europeana, Museum digital etc.). Das Städel Museum hat mit seiner **Digitalen Sammlung** begonnen, die Listendarstellung aufzubrechen und spezifische Nutzer:innenerfahrungen (UX) wie digitales Schlendern und zufälliges Finden als Web-Anwendung zu realisieren. Ebenso experimentiert **Google Arts and Culture** mit den Möglichkeiten, nicht-räumlicher Präsentationen von Sammlungsobjekten.
Technische Voraussetzung: Browser

B. 2D Anwendungen/keine soziale Interaktion

Zweidimensionale Anwendungen sind als Karte sehr verbreitet und werden in vielen Anwendungen zur Verortung von Sammlungsobjekten genutzt. In Verbindung mit GPS können die Objekte z. B. aus dem öffentlichen Raum auch mit dem aktuellen Standort der Besucher:innen instantan verbunden werden.
Technische Voraussetzung: Browser, GPS-Funktion (Smartphone, Tablets)

C. 2D Anwendungen/soziale Interaktion

Anwendungen für soziale Interaktionen im zweidimensionalen Raum wurde für das verteilte Arbeiten entwickelt. **Gather.town** und **SpatialChat** gewannen während der Corona-Pandemie an großer Verbreitung. In den zweidimensionalen Räumen kann man sich mit einem Avatar bewegen, mit den anderen im Raum per Chat und Video kommunizieren. Für

die Nutzung der Anwendungen müssen sich die „Besitzer:innen" der Räume anmelden, die Nutzer:innen können vielfach auch ohne Anmeldung den Räumen beitreten. Obwohl die Räume der meisten Anwendungen individuell angepasst und Ausstellungsräume gestartet werden können, gibt es selten Anwendungen aus den Gedächtnisinstitutionen.
Technische Voraussetzung: Browser, lokale Applikationen, Anmeldung notwendig

D. 3D Anwendungen/keine soziale Interaktion

1. 360 Grad Panoramen

Für die Präsentation eines Raumes haben sich 360 Grad Panoramen etabliert (**Anne Frank – Das Hinterhaus**). War ihre Produktion vor zehn Jahren noch sehr aufwändig und teuer, können sie heute von den Museen mit handelsüblichen 3D-Kameras wie z. B. Insta360 sehr einfach und kostengünstig hergestellt und z. B. über die Webseite präsentiert werden. Soziale Interaktionen mit anderen sind dort nicht möglich. Sie werden vielfach aber für Live-Online-Führungen genutzt und über ein Videokonferenztool gezeigt.
Technische Voraussetzung: Browser

2. Augmented Reality

Mit Augmented Reality können digitale Inhalte in der realen Welt gezeigt werden. Die Besucher:innen benötigen dafür ein Smartphone oder ein Tablet mit Kamera. Zudem muss das spezifische Programm auf dem Device installiert werden. Digitale Angebote mit AR werden bereits in mehreren Museen als Zusatzinformation in der Sammlung angeboten (**Museum Schloss Rheydt**).
Technische Voraussetzung: Tablet, Smartphone mit Applikation

3. Virtual Reality

Mit Virtual Reality können die Besucher:innen in einen Raum audiovisuell eintauchen (Immersion). Sie benötigen dafür eine VR Brille mit dem spezifischen Programm. Virtual Reality ist vor allem bei Games stark verbreitet und aufwändig zu produzieren.
Technische Voraussetzung: VR-Brille mit Applikation

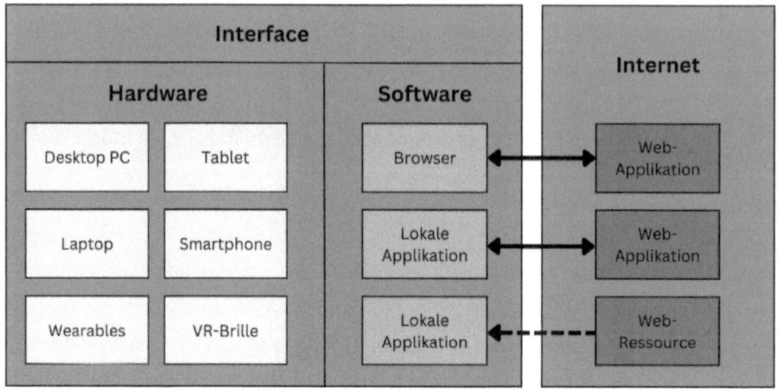

Abbildung 2: Übersicht technischer Voraussetzungen für 3D-Applikationen ohne soziale Interaktion

E. 3D Anwendungen/soziale Interaktion

Willkommen im Metaversum. Durch hohe Bandbreiten und die enorme Verbesserung der Video- und Audioqualität in handelsüblichen Geräten, wie dem Smartphone und Webcams, ist es nun möglich, dass wir uns synchron im digitalen Raum audiovisuell treffen und bewegen können. Ein Treiber war und ist die Gamesindustrie. Seit drei bis vier Jahren drängen nicht nur große Player wie Facebook (Konzern: Meta) und Disney in diesen Markt, sondern es gibt auch viele Startups mit neuen Angeboten für virtuelle immersive Anwendungen. Die Technologie Mozilla Hubs bietet eine sehr einfache Möglichkeit, einen VR-Raum zu entwickeln, in dem man sich anschließend als Avatare begegnen kann, wie zum Beispiel in den Räumen der „area for virtual art" (**https://areaforvirtual.art**). In Spatial.io können Museen virtuelle Ausstellungsräume (**https://spatial.io**) errichten. Seit ca. fünf Jahren werden viele Milliarden Dollar in 3D-Social Networks investiert, wie Decentraland oder AltspaceVR. Diese Plattformen nutzen vielfach die Blockchain-Technologie. Dies nutzte DFC Francisco Carolinum und veröffentlichte als eines der ersten Kunstmuseen eine Dependance im Cryptovoxels mit NFT-Kunst und bespielt diesen virtuellen Ort bis heute. Damit sind wir schon mitten im Web 3.0, in dem die Distanz von realen Orten als größte Barriere für Begegnungen aufgehoben und in einer neuen Wahrnehmungsform Nähe erzeugt wird.

Technische Voraussetzung: Browser, VR-Brille, Applikation, Anmeldung

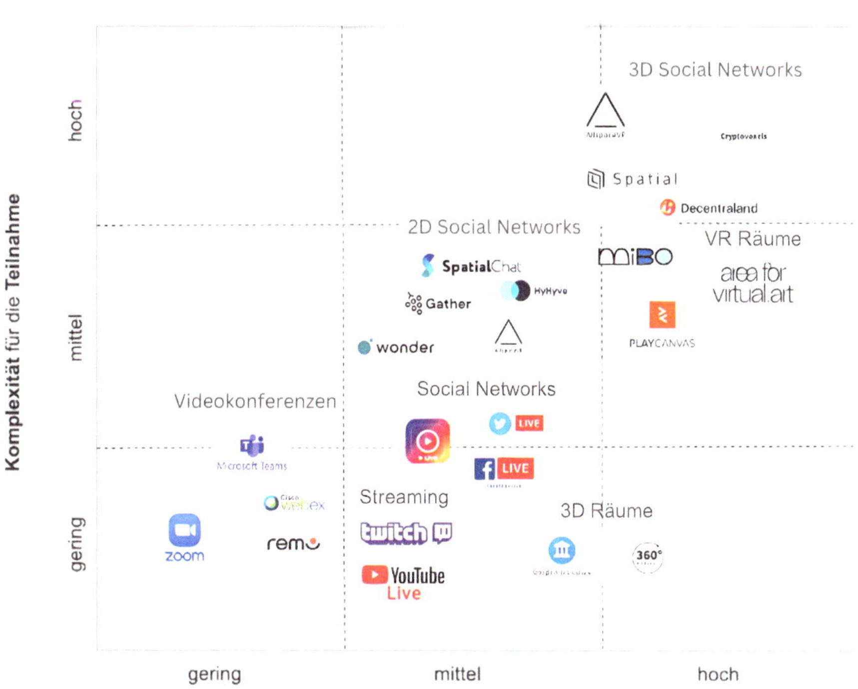

Abbildung 3: Übersicht technischer Voraussetzungen für 3D-Applikationen mit sozialer Interaktion

Besondere Aufmerksamkeit bei der Programmierung eines virtuellen Museums verlangt der Aspekt der Navigation durch User:innen. Wie im analogen Fall ein externes und ein museumsinternes Leitsystem geplant und realisiert und vor allem an das Besucherverhalten angepasst sein muss, so sind auch für ein virtuelles Museum softwarerelevante Entscheidungen zu treffen über die mögliche Besucher:innen- bzw. Nutzer:innenlenkung und darüber, über welche möglichst kurzen und intuitiven Schritte Besucher:innen sich vorwärts, rückwärts und disruptiv bewegen können.

ANJA KIRCHER-KANNEMANN

8. FORSCHEN

Vorläufig lässt sich behaupten, dass virtuelle Museen geeignet sind, die Chancen intensiver Forschung zu erhöhen. Das ist Konsequenz der Ubiquität, also der Zugänglichkeit an jedem Ort weltweit, und des jederzeitigen Zugangs „rund um die Uhr" durch jeden Forschenden, etabliert und „offiziell", in Institutionen oder durch Einzelkämpfer, professionell oder aus Liebhaberei („amateurhaft").

Forschungsobjekte in virtuellen Museen wie auch Informationen, Forschungsthesen und -ergebnisse sind so Gegenstand universeller Diskurse – soweit das Internet verfügbar und zugänglich ist und keine Zensur oder Selektion erfolgt.

Einzuschränken sind diese Aussagen hinsichtlich der verwendeten Sprache. Allerdings wird die universelle Zugänglichkeit erleichtert durch die Verwendung einer „lingua franca", zumeist Englisch, durch die Nutzung von mathematischen Formeln und Symbolen sowie durch die Verwendung von Bild (Foto, Video, 2D und 3D) und Ton, ergänzend durch AR und VR-Anwendungen. Im Übrigen ergeben sich Chancen zu universellem Zugang durch die Perfektionierung von Übersetzungsprogrammen wie etwa DeepL.

Inhaltlich kann die Anwendung dieser technologischen Möglichkeiten besonders interessant sein für

- Objekte (Artefakte), die aus konservatorischen u. a. Gründen nicht vom physischen Standort entfernt werden dürfen
- Marktforschungs-, z. B. Befragungszwecke zu Kunst und Kultur, bei denen Kenntnis der präsentieren Materialien und schnelle Auswertung erwünscht sind
- In anderen Anwendungsfällen wie im Kapitel drei aufgelistet

Die im Jahr 2022 in Prag verabschiedete neue Museumsdefinition des ICOM hat die Forschung (research) an die erste Stelle der Museumsaufgaben gestellt und damit einen neuen Schwerpunkt in der Arbeit von Museen geschaffen. Auch mit dem Forschungskontext wird in Zukunft Museen zunehmend die Rolle von „Kompetenzzentren" zukommen – ein Gedanke, den Prof. Bernd Günter bereits seit einigen Jahren vertritt (Kap. 2.1.) Da Museen von jeher die Aufgabe von Bildungs- und Vermittlungsorten zukommt, ist es sinnvoll und auch zukunftsweisend, der Forschung einen höheren Stellenwert einzuräumen und sie in den Mittelpunkt musealer Arbeit zu stellen, zumal das Museum durch die Forschung zu einem Forum nationalen und internationalen Austauschs wird. Dies macht Museen in Folge zu einem zentralen Ort für Forschende, Themeninteressierte und auch Kulturschaffende.

Forschung im Museum ist traditionell vor allem Forschung am Objekt. Dabei kommt es primär auf das Zusammentragen von Informationen über das Objekt an, um seine Geschichte und seinen Zusammenhang erläutern und auch erzählen zu können. Somit dient die Forschung sowohl der Konzeption neuer Ausstellungen als auch der Produktion neuer Publikationen, und sie bietet die Basis der Provenienzrecherche, der ein zunehmend höherer Stellenwert zukommt.

Virtuelle Museen können hier einen besonderen Beitrag leisten, da ihre Sammlung bereits in digitaler Form existiert und somit weltweit zur Verfügung gestellt werden kann. So erhöhen sie die Chancen intensiver Forschungsarbeit. Damit bieten sie insbesondere kleineren und mittleren Museen gegenüber einen Mehrwert, denn diese können oftmals aufgrund fehlender personeller Kapazitäten eine Digitalisierung ihrer Sammlung nicht leisten.

Nur die Forschung ermöglicht es aber Museen dauerhaft, zukunftsorientiert und wissenschaftlich fundiert Ausstellungen zu konzipieren und dadurch ihrem Bildungs- und Vermittlungsauftrag gerecht zu werden. So entsteht aus der Forschung Wissen. Dieses Wissen kann dann durch Ausstellungen, Publikationen, Vorträge und andere Veranstaltungen sowie Darstellungsformen in Bildung umgewandelt werden.

Die Forschung am Museum kann in Kooperation mit universitären und außeruniversitären Einrichtungen aus Kultur, Wissenschaft und auch Wirtschaft erfolgen, was auch bereits in vielen Museen der Fall ist. Dieser Umstand hilft Museen auch dabei, aus ihrer Nische oder ihrem Elfenbeinturm herauszutreten und Teil des gesellschaftlichen Diskurses zu werden.

9. SAMMELN

9.1. Sammeln in virtuellen Museen
(ANJA KIRCHER-KANNEMANN)

Die Sammlung eines Museums, ob nun virtuell oder analog, stellt seine Basis dar. Die digitale Erfassung der Sammlungsbestände steht im Mittelpunkt der digitalen Strategie. Dies trifft auf virtuelle Museen in besonderem Maße zu. Auch für sie ist es notwendig, die Schwerpunkte der eigenen Sammlung im Blick zu haben, sie auf Lücken zu prüfen, die eigenen Bestände mit denen ähnlich gelagerter Museen zu vergleichen und daraus eine Sammlungsstrategie abzuleiten. Damit dient das Museum der zentralen Aufgabe des dauerhaften Bewahrens von Zeugnissen aus Vergangenheit und Gegenwart.

Die Sammlung ist auch die Basis der weiteren musealen Aufgaben, wie des Forschens und Dokumentierens. Zur Sammlungsarbeit gehören die Dokumentation der Sammlung, die Inventarisierung, die objektbezogene Forschungsarbeit und ebenso die Einbindung neuer Forschungsergebnisse.

Im digitalen Bereich wird ein großer Teil dieser Daten unter dem Begriff der Metadaten subsumiert. Metadaten sind strukturierte Daten, die Informationen über Merkmale

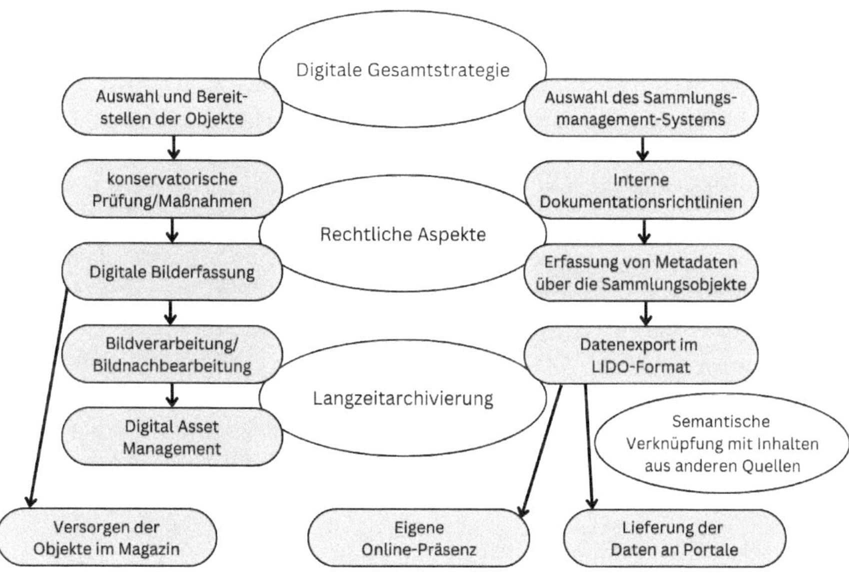

Abbildung 4: Darstellung eines idealtypischen Ablaufs der Sammlungserschließung

von Objekten beinhalten. Hierzu gehören bspw. Größe, Material, Provenienz, Entstehungsdatum, Angaben zum:zur Hersteller:in, Literaturverweise etc.

Beschäftigt man sich mit Sammlungen in virtuellen Museen, muss zunächst geklärt werden, ob diese ebenfalls rein virtueller Natur sind oder aber physisch oder auch hybrid. Je nach Art der Sammlung unterscheiden sich die Wege der Sammlungserstellung und -erweiterung, der Umgang mit der Sammlung und ggf. auch die Präsentation. Aber genau wie bei Sammlungen analoger Objekte bedarf es auch bei denen virtueller Museen eines Sammlungsprofils, ebenso wie einer Sammlungsstrategie, der Sammlungspflege und Sammlungsdokumentation.

Virtuelle Museen können bzgl. ihrer Sammlung für die Forschung letztlich sogar von besonderer Bedeutung werden, da sie ihre Objekte vollständig digitalisiert und mit Metadaten versehen haben und diese damit auch vollständig ubiquitär zur Verfügung stellen können, was bei analog stationären Museen bisher noch nicht durchgängig der Fall ist (vgl. Klinke 2023).

9.2. Sammlungspflege

(ANJA KIRCHER-KANNEMANN)

Die Sammlungspflege eines virtuellen Museums ist, für den Fall, dass es auf einer rein virtuellen Sammlung basiert, deutlich verschieden zur Sammlungspflege eines analog stationären Museums. Alle Bereiche, die sich dem Erhalt und der Lagerung analoger Artefakte widmen, entfallen hier. An ihre Stelle treten Pflege und Erhalt digitaler Daten. Dies allerdings ist eine Aufgabe, die auch analogen Museen zunehmend zufällt, so dass sich letztlich auch in dieser Hinsicht die Aufgaben wieder gleichen.

Eine digitale Sammlung benötigt Personal, das sich im Digitalen ebenso auskennt wie im Sammlungsbereich. Die Verbindung beider Bereiche führt zu einem neuen Berufsfeld, dem des:der digitalen Sammlungskurator:in. In der aktuellen musealen Ausbildung kommt dies aber bisher ungenügend vor, so dass es schwierig ist, geeignete Personen für diesen Bereich zu finden – ein Problem, dem sich Museen zunehmend gegenübersehen.

In der Pflege einer digitalen Sammlung kommt es vor allem auf die Kontextualisierung und Vernetzung der vorhandenen Daten an. Dabei gibt es kein Patentrezept. Die Sammlungspflege bzw. das Sammlungsmanagement hängen von der finanziellen Basis ebenso ab wie vom Personal und dem jeweiligen Konzept.

Zentrale Aufgabe einer digitalen Sammlung ist es, strukturierte Daten (Metadaten) bereitzustellen, die eine Vernetzung mit Daten aus anderen Quellen zulassen und so eine Kontextualisierung der Objekte ermöglichen. Nur so ist es auch möglich, die Sammlung weiterzuentwickeln.

Grundsätzliche Aufgaben in der digitalen Sammlungspflege:

- digitale Erfassung von Objekten
- Erschließung beschreibender und administrativer Daten

- Aufbau eines digitalen Sammlungsmanagements
- fortwährende Pflege der Daten und des Systems
- Bereitstellung der Daten für Ausstellungen.

9.3. Weiterentwicklung der Sammlung (ANJA KIRCHER-KANNEMANN)

Die Basis der Weiterentwicklung und des Ausbaus einer Sammlung eines virtuellen Museums ist – genau wie im analogen Bereich auch – eine gute und ständige Recherche zu den zentralen Themen des Museums. Hilfreich ist dabei ein funktionierendes Netzwerk, um neue digitale oder auch physische Sammlungsgegenstände zu erhalten und einbinden zu können. Der Abklärung von Nutzungsrechten kommt bei virtuellen Museen eine wohl noch höhere Bedeutung zu als bei analogen Museen. Sie werden daher in Kapitel 16 eingehend thematisiert.

Der Aufbau und die Weiterentwicklung einer digitalen Sammlung bedeuten in besonderer Weise auch immer, neue Entwicklungen im Blick zu haben. Dies gilt sowohl für Entwicklungen im Bereich Präsentation als auch für solche in den Bereichen Vermittlung, Kontextualisierung und vor allem Technik. Bei der Weiterentwicklung sind folgende Punkte zu beachten:

- Relevanz der Objekte für die Forschung
- Interesse des Publikums am Objekt
- Zugänglichkeit des Objekts
- rechtliche Aspekte (Urheberrecht/Lizenzen), siehe Kap. 16
- vorhandene Informationen
- Verknüpfung mit der bisherigen Sammlung
- Schließung von Lücken
- Kooperationsmöglichkeiten mit anderen Institutionen
- Finanzierung u. a.

Ziel sollte es sein, die Sammlung zu einer Wissensdatenbank werden zu lassen, die es den Benutzer:innen ermöglicht, sich mit ihrer Hilfe umfassend über das Thema des Museums und seiner Sammlung zu informieren und Stakeholder:innen die Teilhabe auch digital zu ermöglichen.

9.4. Archivierung
(ANJA KIRCHER-KANNEMANN)

Die Basis der Archivierung ist die Einhaltung internationaler Standards. Sie sichert die Nachhaltigkeit der bereitgestellten Digitalisate nicht nur für eigene Ausstellungen, sondern auch für die Forschung. Gerade in einem virtuellen Museum ist die Archivierung abhängig von der digitalen Strategie und dient der Profilbildung. Hinzu kommt, dass sie in besonderem Maße technischen Neuerungen und damit dynamischen Entwicklungen unterworfen ist.

Für die Archivierung müssen neben Personalressourcen und Know-how geeignete Hardware, Software und ausreichender Speicherplatz zur Verfügung stehen.

Teilbereiche der Archivierung:

- Digitale Bilderfassung mittels Scanner oder digitaler Fotografie
- 3D-Rekonstruktionen, Laserscanning u. a.; hierzu braucht es ggf. externe Dienstleister:innen
- Bildverarbeitung (RAW, TIFF, WebP) – aktueller Mindeststandard ist Format TIFF, 24 Bit Farbtiefe bei RGB und eine Mindestauflösung von 300 dpi
- Digital Asset Management: Organisation, Verschlagwortung, Bereitstellung digitaler Dateien, s. hierzu: **https://collectionstrust.org.uk/spectrum/**
- Metadaten: Aufnahmedatum, weitere Aufnahmedaten wie Name des/der Fotograf:innen, Kameraeinstellungen sowie Nutzungsrechte, Bildinhalte, Besitzinformationen, rechtliche Informationen, Standort des Objekts, Informationen zur Objektgeschichte, Kontextualisierung, Nachweise in Literatur, Informationen zum:zur Künstler:in usw.[1]
- Auswahl eines Collection Management Systems
- Data und Digital Literacy.

Um eine Langzeitarchivierung der digitalen Inhalte sicherzustellen, ist es notwendig, die Hardware, insbesondere die Speichermedien, regelmäßig zu prüfen und ggf. zu ersetzen. Auch für Betriebssysteme und Softwareprogramme müssen regelmäßige Updates eingeplant werden. Hinzu kommt die periodische Aktualisierung der archivierten Daten. Das umfasst auch eine Anpassung der Dateiformate, wie sie momentan stattfindet bei der Umstellung von TIFF auf WebP.

1 Siehe hierzu: **https://cidoc.mini.icom.museum/working-groups/documentation-standards/** und **https://www.dnb.de/DE/Professionell/Standardisierung/GND/gnd_node.html** und **https://test.iconclass.org/** [beide abgerufen am 13.06.2024].

9.5. Sammlungsbetreiber:innen und Sammlungskooperationen (REINHARD GRÖNE)

- Dem:der Sammlungsbetreiber:in fällt die Aufgabe zu, vor allem über im Markt verfügbare digitale Verwertungs- und Nutzungsrechte informiert zu sein. Aufbau und Erweiterung der Sammlung verlangen eine Zielrichtung, die „Stoßrichtung" und ggfs. thematische oder formatbezogene Selektionsmechanismen und Priorisierungen.
- Sammlungskooperationen können in der digitalen Welt deutlich anders aussehen als in der analogen Welt. Denn es müssen ja keine Exponate oder Wissensdokumente physisch „abgegeben" werden. Es geht ausschließlich um digitale Nutzungsrechte, die geteilt werden. Rückverweise auf die Original-Quelle sind eine Win-Win-Situation für alle Beteiligten. Und sie lassen sich bei Bedarf in der Blockchain hinterlegen.

Sammlungskooperationen – Vier Beispiele rund um *Champagner*:

- Weltweite Fachverlage und Fachredaktionen verfügen über bereits digitalisierte Informationen rund um Champagner und seine Herstellung.
- Die UNESCO hat Champagner und seine Herstellung zum Weltkulturerbe ernannt. Und dazu umfangreiche Recherchen erhoben und viele Informationsquellen identifiziert.
- Das „Comité Interprofessionnel du Vin de Champagne" ist ein halbstaatlicher Interessenverband unabhängiger Champagner-Produzent:innen. Der Verband verfügt über das wohl umfassendste digitalisierte Archiv.
- Es gibt eine Internet-Plattform, die Tauschbörsen für „Muselets" digital und analog durchführt.

Über einschlägige Gemälde- und Kunstdatenbanken lassen sich virtuelle Wechsel-Ausstellungen zusammenführen, kuratieren und ausstellen, die Champagner zum Thema haben.

ANJA KIRCHER-KANNEMANN

10. BEWAHREN

Für die Aufgabe des Bewahrens von Kulturgut in einem virtuellen Museum gilt zunächst ähnliches wie für analoge Museen, speziell hinsichtlich der Zielsetzung der Konservierung. Änderungen oder Erweiterungen ergeben sich vor allem für den Fall digitaler Produkte sowie der digitalen Aufbewahrung aller Objekte bzw. des gesamten Materials (Kap. 9.4).

Die Vergangenheit hat gezeigt, dass insbesondere die Speichermedien und damit die Aktivitäten des Speicherns und der Weitergabe technischen und organisatorischen Veränderungen ohne Gewissheit der Abwärtskompatibilität, aber mit der Wahrscheinlichkeit der Obsoleszenz – früher oder später – ausgesetzt sind. So klingt es fast banal, Speicherungen stets in der aktuellsten verwendbaren und möglicherweise zukunftsrelevantesten Form vorzunehmen.

Schließlich ist – auch wegen möglicher technischer Veränderungen – die Organisation des Zugriffs und der Vernetzung über Datenstandards (siehe dazu den aktuellen Stand der NFDI-Diskussion), Verschlagwortung usw. sicherzustellen. Die notwendige Zugriffsorganisation und die Kompatibilität sichern unter anderem auch die Nutzung im Sinne der Museumsaufgaben Forschen, Sammeln, Vermitteln, Ausstellen.

11. AUSSTELLEN UND PRÄSENTIEREN

11.1. Ausstellen und Präsentieren in virtuellen Museen

(ANJA KIRCHER-KANNEMANN)

> Eine digitale Ausstellung basiert auf einem klaren Konzept und ist kuratiert. Sie stellt digitale Multimedia-Objekte zusammen, verknüpft und verbreitet sie, um innovative Präsentationen eines Themas oder einer Reihe von Themen zu liefern, die in hohem Maße die Interaktion mit dem Benutzer ermöglichen.(Carius/Fackler 2022)

Der digitale bzw. virtuelle Raum bietet zahlreiche Möglichkeiten der Präsentation, die im analogen Raum nicht zur Verfügung stehen. So können Ausstellungen entstehen, die bisher im analogen Bereich nicht möglich waren. Es können bspw. Objekte miteinander kombiniert werden, die im analogen Museum nicht kombinierbar wären. Auch KI kommt im virtuellen Museum eine besondere Rolle zu, denn sie ermöglicht es inzwischen, Objekte wie etwa Bilddokumente zu erschaffen, die es eigentlich nicht oder nicht mehr gibt. So ist eine völlig neue und umfassendere Art der Kontextualisierung möglich, der gerade bei digitalen Objekten große Bedeutung zukommt.

Die meisten Museen, die heute unter dem Label „virtuell" firmieren, nutzen diese Möglichkeiten allerdings nicht annähernd aus, sondern präsentieren sich in einer Form, die von einer normalen Website kaum zu unterscheiden ist. Ausstellungen im digitalen Raum bauen aktuell vor allem auf Parallaxen auf, die es Besucher:innen ermöglichen, durch die Geschichte bzw. das Thema zu scrollen. Sie können Video- und Audiodateien einbinden, ebenso wie ausgedehnte Bildergalerien oder auch 3D-Anwendungen. So lassen sich Ausstellungsthemen multimedial vermitteln, und gerade schwierige Themen können auf diese Art differenzierter vermittelt werden.

VR-Anwendungen werden bislang kaum genutzt. Ein Grund hierfür dürften vor allem die nicht unerheblichen Kosten sein. Gerade in der Nutzung dieser Technik aber läge ein großer Vorteil eines virtuellen Museums, denn es könnte damit zu jeder Zeit und an jedem Ort für jede:n die Themenwelt des Museums bzw. der verschiedenen Ausstellungen sicht- und erlebbar machen. Ebenfalls wenig genutzt wird die Erstellung eines (virtuellen) Raumerlebnisses, wie es für analoge Museen eigentlich typisch ist. Notwendig wäre also eine mindestens virtuelle Architektur und Szenografie.

Bei Nutzung dieser Techniken wäre es möglich, zusätzliche und die Möglichkeiten des analogen Museums in Teilen übertreffende Vermittlungs-, Interaktions- und Partizipationsangebote zu kreieren, denn virtuell existieren deutlich weniger Grenzen als analog und neue Ausstellungswelten können auf diese Weise entstehen.

11.2. Themen

(ANJA KIRCHER-KANNEMANN)

Museen sind gerade heute vor allem außerschulische Lernorte und Orte der Erwachsenenbildung. Sie erfüllen einen gesellschaftlichen Bildungsauftrag und haben daher die Aufgabe Themen möglichst allgemeinverständlich und ansprechend zu präsentieren. Dabei sollten sich sowohl die Themen als auch die Art der Darstellung an den Zielgruppen orientieren.

Die Auswahl und die Behandlung möglicher Themen eines virtuellen Museums hängen maßgeblich von der Frage ab, wie das Museum mit seinen Besucher:innen umgehen möchte, wie sehr es sie in seine Darstellung einbeziehen möchte und inwieweit es eine Nachnutzung möglich macht. Eine erste Annäherung kann durch die Beantwortung der Frage erfolgen, für welche Themen es bisher keine (umfassenden) analogen Museen gibt.

Mit Hilfe digitaler Techniken kann ein virtuelles Museum auch Themen vermitteln, die im analogen Raum nur schwer darstellbar sind. Dies betrifft insbesondere abstrakte Themen wie „Zeit" oder auch ausgesprochen komplexe Themen wie die Darstellung einer ganzen Epoche. Digital ist es möglich, auch problematische und komplexe Objektgeschichten spannend und kurzweilig und vor allem multimedial zu erzählen. Auf diese Weise werden sie zu „sprechenden" Objekten, die zur Beschäftigung und zum Nachdenken einladen, und das virtuelle Museum und seine Ausstellungen sind dann nicht mehr nur „eine Sammlung digitaler Objekte", sondern „an experience, an interactive and immersive platform that allows people to explore and engage with our collections online" (Klinke 2023).

11.3. Kuratieren

(ANJA KIRCHER-KANNEMANN)

Kuratieren bezeichnet zunächst einmal die Aufgabe, Objekte oder Texte auszuwählen, um sie an einem Ort zu präsentieren, sie in eine strukturierte Verbindung (Kontextualisierung) zu überführen und mit Hilfe von Methoden des Storytellings zum Sprechen zu bringen, um einem Publikum ein Thema näherzubringen und darzustellen. In dieser Hinsicht unterscheidet sich das Kuratieren einer virtuellen Ausstellung nicht von dem einer analogen. Einzig die Mittel und die Objekte, die zur Verfügung stehen, sind anders und ggf. vielfältiger. Auch bei virtuellen Museen sind – insbesondere dann, wenn auch mit der Ergänzung durch Pop-up-Museen gearbeitet wird – sog. komplementäre Ausstellungen denkbar. Wobei im Fall virtueller Museen nicht die virtuelle, sondern eben die physische Ausstellung die Ergänzung darstellt.

Im digitalen – wie letztlich auch im analogen Museumsraum – gilt es, Wünsche und Bedürfnisse der Zielgruppen zu kennen, sich für sie zu interessieren und auf sie einzugehen, um ein erfolgreiches Museum betreiben zu können.

Dem Publikum kommt durch die Digitalisierung eine neue und aktivere Rolle zu. Dies gilt besonders für virtuelle Museen. Partizipation, Teilhabe und Kollaboration führen zu neuen Handlungs- und Vermittlungsmodellen. Dadurch haben gerade virtuelle Museen die Möglichkeit, als besonders nahbar, offen und kommunikativ wahrgenommen zu werden, da sie durch ihr digitales Angebot in besonderer Weise die Grundwerte der digitalen Kultur wie Offenheit, Mobilität, Flexibilität und Benutzer:innenorientierung vertreten.

Das Kuratieren im Falle virtueller Museen muss nicht Aufgabe eines darauf spezialisierten Professionals sein. Es kann in vielerlei Hinsicht die Möglichkeit des Co-Kuratierens bzw. der Schwarmkuration geben, z. B. mit Künstler:innen oder mit Nutzer:innen/Besucher:innen (siehe den Ansatz von ARTchat im Rahmen von Nextmuseum.io) und generell den Open Source-Gedanken sowie Überlegungen zum User:innen Generated Content. Genauso denkbar ist die Einbeziehung von KI.

Eine Herausforderung in Sachen Kuratierung stellen die Wege dar, die die Besucher:innen des virtuellen Museums gehen, denn sie sind deutlich vielfältiger als im analogen Bereich. Geht man in ein Museumsgebäude, dann sind die Wege, die man läuft, vielfach vorgezeichnet, was schon allein der Raumabfolge geschuldet ist. In virtuellen Museen jedoch ist dies nicht unbedingt so. Das bietet Nutzer:innen den Vorteil, eine ganz individuelle und einzigartige Geschichte erleben zu können, bedeutet aber für Kurator:innen die Herausforderung, all diese möglichen Wege im Vorfeld zu durchdenken, zu planen und auf ihre Konsistenz zu prüfen – oder Nutzer:innen Anreize für eine ganz bestimmte und gewollte Navigation und damit Visitor Journey zu bieten. Letztlich bedeutet dies für Kurator:innen, dass jede Geschichte für sich gesehen abgeschlossen sein und Sinn ergeben muss, da es immer sein kann, dass User:innen ihren Besuch zwischendurch ab- oder unterbrechen, in der Navigation zurückgehen und so einen anderen Weg als den eigentlich geplanten einschlagen. Diese Möglichkeiten müssen insbesondere bei Linksetzungen immer mitgedacht werden. In einem virtuellen Museum, bzw. in einer virtuellen Ausstellung gibt es keine geradlinigen Wege. Besucher:innen können bspw. ein Accordion-Element aufklappen, es kann aber auch sein, dass sie es nicht tun, sie kommen also ggf. an bestimmten Informationen und Objekten nicht „vorbei". Derartige Features sollten daher nur Informationen enthalten, die tatsächlich nur Zusatzinformationen, nicht aber zum Verständnis der eigentlichen Geschichte notwendig sind.

11.4. Ausstellungsmanagement
(OTMAR BÖHMER)

Ausstellungen im analogen oder virtuellen Raum haben grundsätzlich die gleichen Voraussetzungen und basieren auf dem Weg von der Idee, über Recherchen, ein erstes Konzept, die Prüfung der verfügbaren Inhalte, über die Technikfragen zu den Rechtefragen und dann zur Umsetzung und Veröffentlichung. Grundlage kann dabei die eigene Sammlung sein; es sind jedoch immer Kooperationen von Vorteil.

Diese Kooperationen können in den inhaltlichen Feldern – fremde Sammlungen und Werke –, in den technischen Möglichkeiten Dritter sowie in den Vermittlungs- und Kommunikationsfeldern liegen.

Damit sind bereits die notwendigen Arbeitsbereiche benannt, derer es bedarf, um ein virtuelles Projekt umzusetzen. Sie sind weitgehend identisch, teils anders ausgestaltet und einige Bereiche des analogen Museumsmanagements sind nicht erforderlich.

12. VERMITTELN

12.1. Bedeutung einer Kulturvermittlung im virtuellen Raum (THERESA STÄRK)

Mit der 2022 in Prag verabschiedeten Neufassung der Museumsdefinition nach ICOM änderten sich nicht nur Funktion, sondern auch Aufgaben musealer Institutionen. War zuvor „vermitteln" fester Bestandteil der Museumsdefinition nach ICOM, so wurde das Verb in der neuen Auffassung durch „interpretieren" ersetzt.

ICOM 2007	ICOM 2022
„Ein Museum ist eine dauerhafte Einrichtung, die keinen Gewinn erzielen will, öffentlich zugänglich ist und im Dienst der Gesellschaft und deren Entwicklung steht. Sie erwirbt, bewahrt, beforscht, präsentiert und **vermittelt** das materielle und immaterielle Erbe der Menschheit und deren Umwelt zum Zweck von Studien, der Bildung und des Genusses."	„Ein Museum ist eine nicht gewinnorientierte, dauerhafte Institution im Dienst der Gesellschaft, die materielles und immaterielles Erbe erforscht, sammelt, bewahrt, **interpretiert** und ausstellt. Öffentlich zugänglich, barrierefrei und inklusiv, fördern Museen Diversität und Nachhaltigkeit. Sie arbeiten und kommunizieren ethisch, professionell und partizipativ mit Communities. Museen ermöglichen vielfältige Erfahrungen hinsichtlich Bildung, Freude, Reflexion und Wissensaustausch."

Tabelle 1: Gegenüberstellung der ICOM-Definitionen

Steht bei der Aufgabe der „Vermittlung" viel mehr der:die Besucher:in bzw. Nutzer:in im Fokus, so betont die Aufgabe der „Interpretation" die Deutungshoheit der Museen, deren Erforschung und Auslegung des musealen Objekts zur Interpretation hinleitet, die letztlich dem Publikum präsentiert wird.

Der Vermittlungsaspekt wird in der neuen definitorischen Auffassung viel mehr im zweiten Teil thematisiert: *Öffentliche Zugänglichkeit*, *Barrierefreiheit* und *Inklusivität* müssen Teil einer zeitgenössischen Vermittlungspraxis sein. Die Ermöglichung vielfältiger Erfahrungen „hinsichtlich Bildung, Freude, Reflexion und Wissensaustausch" stellen dabei zentrale Aufgaben einer musealen Vermittlung und Museumspädagogik dar. Nach wie vor ist es auch nach der neuen Museumsdefinition Funktion und Pflicht zugleich, als Museum seinem Publikum nicht nur physischen, sondern auch emotionalen und epistemischen Zugang zu seinen Objekten und Werten zu gewähren. Dabei bildet eine zeitgemäße, inklusive Vermittlung den Ausgangspunkt zur vielfältigen Erfahrung im musealen Raum.

Demzufolge widmet sich das Kapitel der „Vermittlung", die zwar nicht mehr wörtlich in der aktuellen Museumsdefinition nach ICOM 2022 genannt wird, jedoch durch die genannten Punkte als solche zusammengefasst werden kann.

Um eine niedrigschwellige Zugänglichkeit zu Kunst- und Kulturobjekten zu ermöglichen, bedarf es nicht nur einer (orts- und zeitunabhängigen) digitalen Präsentation, sondern ebenso einer Vermittlung, die neben der reinen ästhetischen Erfahrung der Objekte im virtuellen Raum auch publikumsorientiert Wissen transferiert bzw. zur Diskussion stellt. Neben der bloßen Visualisierung der Objekte und Veröffentlichung der Digitalisate ist eine begleitende Vermittlung essentiell für die Präsentation: Gemäß der bisherigen ICOM-Definition zu den Kernaufgaben eines Museums (Sammeln, Bewahren, Ausstellen, Forschen, Vermitteln) gehört Vermitteln eben zu den Aufgaben eines Museums, so auch eines virtuellen Museums. Durch eine vielfältige Vermittlung können verschiedene Zielgruppen erreicht und somit Zugang zum Kulturgut geschaffen werden. Nach Carmen Mörsch durchdringen sich in der Praxis der Kulturvermittlung pädagogische Dimensionen mit künstlerischen und gesellschaftlichen, letztlich mit dem Ziel, Bildungsziele zu verwirklichen (vgl. Mörsch 2012, S. 14). Das Erreichen dieser Bildungsziele kann nicht nur im analogen, sondern eben auch im digitalen Raum erfolgen. Stand in den 90ern noch das Museumsobjekt selbst im Fokus der Kunst- und Museumspädagogik, so lassen sich aktuell eher publikums- und handlungsorientierte Ansätze der Vermittlungspraxis erkennen (vgl. Preuß/Hofmann 2017, S. 13–14). Der 2020 erschienene Leitfaden für Bildung und Vermittlung des Deutschen Museumsbundes und Bundesverbandes für Museumspädagogik plädiert für eine auf das Individuum und die Gesellschaft ausgerichtete Bildungs- und Vermittlungsarbeit als Kernaufgabe eines Museums. Die Vermittlung steht somit im Vordergrund und kann Lernprozesse, auch informelle, beim Publikum fördern. Diese lassen sich nach fünf Erfolgsfaktoren messen: 1. Publikumsorientierung, 2. Objektbezug, 3. Methoden- und Formatvielfalt, 4. Vernetzung, 5. Prozesshaftigkeit (vgl. Nagel 2020, S. 4–13).

Die didaktischen und gestalterischen Möglichkeiten einer Kulturvermittlung im digitalen Raum sind dabei so heterogen wie die Exponate selbst. Bei einem virtuellen Museum gibt es verschiedene Möglichkeiten der Vermittlung digital gezeigter Objekte:

- Analog existierende Objekte (materielle/tangible oder immaterielle/intangible)
- Ursprünglich digitale Objekte (*born-digital objects*)
- Immaterielle Objekte (intangible).

Jede Objektgattung bringt ihre eigenen Herausforderungen im digitalen Präsentieren mit sich. Materielle analoge Objekte müssen digital reproduziert werden, um im virtuellen Raum ausgestellt zu werden. Die einzelnen Digitalisate können dabei unterschiedlich visualisiert sein: Zweidimensional oder dreidimensional umgesetzt als Foto, 3D-Modell mit 360°-Ansicht oder als Video.

Durch die Absenz des physischen (Original-)Objekts stellt sich die Kunst- und Kulturvermittlung im digitalen Raum neuen Herausforderungen: Das materiell präsente Objekt kann hierbei nicht länger als Ausgangspunkt einer personellen oder medialen Vermittlung dienen, ebenso wenig wie der Ausstellungsraum als situativer Erfahrungsort und das persönliche Gespräch mit einer vermittelnden Person oder Gruppe. Vielmehr steht bei einer Vermittlung der Artefakte eines virtuellen Museums nun das Digitalisat, also das digital reproduzierte oder ursprünglich digitale Objekt, im Zentrum der Vermittlung und ist dabei von den Gegebenheiten der jeweiligen webbasierten Plattform abhängig. Dabei bietet eine virtuelle Präsentation zugleich Chancen für eine Vermittlung: So können durch eine digitale Darstellung Perspektiven eines Objekts sichtbar gemacht werden, die am analogen Original womöglich verborgen bleiben – wie beispielsweise die Unterseite einer Plastik, die durch eine 360°-Ansicht zugänglich gemacht werden kann.

12.2. Umsetzungsmöglichkeiten einer Kulturvermittlung im digitalen Raum

(THERESA STÄRK)

Kommunikationsdimensionen der Vermittlung im analogen Ausstellungsraum teilen sich klassischerweise in *mediale* und *personale* Vermittlung. Während bei der personellen Vermittlung ein:e Kulturvermittler:in im Rahmen einer Führung oder eines Talks in persona als Schnittstelle zwischen Werk und Betrachter:in fungiert, basiert die mediale Vermittlung auf apersonalen Methoden wie beispielsweise textbasierte Vermittlung oder digitale Vermittlung im Ausstellungsraum etwa durch Touchscreens, Videos, AR, VR, Apps, Chatbots oder Audioguides.

Bei einer Vermittlung durch ein virtuelles Museum werden die möglichen Dimensionen einer Kulturvermittlung automatisch in den digitalen Raum verlagert, was – abgesehen vom denkbaren personalisierten Auftritten im Web – eine komplett medialisierte Übertragung der Vermittlung bedeutet. Diese sind ebenso vielseitig umsetzbar wie Vermittlungsmöglichkeiten im physischen Ausstellungsraum und obliegen in ihren Umsetzungsvariationen den immer weiter fortschreitenden technischen Möglichkeiten der digitalen Transformation.

Dabei kann die Kulturvermittlung eines virtuellen Museums in verschiedenen digitalen Räumen stattfinden:

1. App-basierte Anwendungen
2. Website
3. Blog
4. Ausgelagert via Software

Durch die in der Regel webbasierte Umsetzung eines virtuellen Museums ist die integrative Einbettung eines Vermittlungstools in die Website selbst naheliegend.

Tools und Methoden der möglichen digitalen Kulturvermittlung und somit der webintegrierten Vermittlung in ein virtuelles Museum lassen sich dabei nach ihrem Grad der Interaktion unterteilen, wobei der Grad der nutzer:innenaktiven Involvierung mit jeder weiteren Stufe zunimmt. Verschiedene Grade der Interaktion:

- *Stufe 0:* Präsentation der Objekte durch Fotos mit Bildangaben ohne Kunstvermittlung

- *Stufe 1:* Nutzer:innenpassive illustrative und textbasierte Vermittlungsmethoden (Vermittelnde Texte und Bilder)
- *Stufe 2:* Nutzer:innenpassive multimediale Vermittlungsmethoden (Video-/Audioformate)
- *Stufe 3:* Nutzer:innenaktive multimediale Vermittlungsmethoden (Gamification-Elemente)

Mögliche Formate, die sich in die verschiedenen Stufen geordnet eingliedern lassen, sind:

- *Stufe 0:* Ausstellungen mit und ohne Begleitinformation, einzelne Exponate. u. U. regelmäßig wechselnd
- *Stufe 1:* Texte, Fotos von anderen Ansichten des Objekts und/oder zur Kontextualisierung des Werks
- *Stufe 2:* Videos, Videotutorials, Podcasts, Audiodateien, Hörspiele
- *Stufe 3:* Aufrufe zu User:innen-Beiträgen, Games, Quizzes, Foren, Wettbewerbe, AR, VR

Dabei steigt mit zunehmender Stufe nicht nur der Grad der Interaktion, sondern auch der publikumsorientierten Partizipation. „Publikumsorientierung ist ein zentraler Gelingungsfaktor für wirksame Bildungs- und Vermittlungsarbeit im Museum" (Nagel 2020, S. 18). heißt es im Leitfaden für Bildung und Vermittlung, herausgegeben durch den Deutschen Museumsbund und den Bundesverband Museumspädagogik. Das gilt für analogen ebenso wie für digitalen und hybriden Raum. Durch nutzer:innenaktive Formate wie die der Vermittlungsstufe Drei können User:innen durch ludische Ansätze sowie kommunikations- und netzwerkbasierte Anwendungen mit der dargestellten virtuellen Ausstellung interagieren, was den Gedanken eines publikumszentrierten partizipativen Museums stärkt.

13. FORMATE

13.1. Definition von „Formaten"

(BERND GÜNTER)

Wenn die Museumsaufgaben Ausstellen (Präsentieren) und Vermitteln behandelt werden, müssen die Gestaltungsformen als Grundlage beider Aufgaben kurz angesprochen und deren Vielfalt beleuchtet werden.

„Formate" sind Gestaltungsformen und bilden damit eine Art Rahmen für Inhalte. Sie können unidirektional oder interaktiv sein bis hin zu User:innen Generated Content. Sie können Bring- oder Holschuld darstellen. Sie können visuell oder akustisch ablaufen. Sie können unterschiedliche Verantwortliche haben. Sie können temporär oder dauerhaft angelegt sein usw.

13.2. Formate musealer Präsentation und Vermittlung

(BERND GÜNTER)

Beispielhafte Formate, die in einem virtuellen Museum ihren Platz haben können:

- Ausstellungen mit und ohne Begleitinformation
- Einzelne Exponate. u. U. regelmäßig wechselnd
- Aufrufe zu User:innen-Beiträgen und deren Zusammenstellung
- Artikel und Aufsätze
- Listen von Ausstellungsobjekten mit Fundstellen
- Fotos und Fotoserien
- Filme (übernommen oder speziell für ein virtuelles Museum entwickelt)
- Webinare
- News und Newsletter
- Diskussionsforen
- Podcasts
- Link- und Quellensammlungen
- Wettbewerbe
- Inhalte hinter Bezahlschranken
- Tipps und „Rezepturen", z. B. über **www.calaios.eu**
- 3D-Modelle, z. B. über Sketchfab modelliert
- Augmented Reality-Anwendungen und Experiences
- Virtual Reality Experiences
- Verschiedene Open-Source-Bereiche (nennen!)
- Gamification-Elemente

- Games, evtl. einfacherer Natur
- Rezensionen
- Bewertungsplattformen
- Webcams
- Virtuelle Museumsarchitektur
- Community Building
- Shopsystem
- Verortung im Metaverse (web 3.0)
- Tageszeitabhängiger Content
- Live-Content
- Kuratierte und Publikums-Preisverleihungen
- etc.

13.3. Exkurs: Virtual Reality als Format in virtuellen Museen (ISABELLE BECKER)

Virtuelle Museen ermöglichen ihren Besucher:innen, Ausstellungen und/oder Sammlungspräsentationen durch verschiedene technische Umsetzungen im digitalen Raum anzusehen, genauer zu untersuchen und mit den einzelnen Exponaten zu interagieren. In Abschnitt 13.2. wurden zahlreiche Formate präsentiert, in denen Aktivitäten eines virtuellen Museums umgesetzt werden können, wobei die Erfahrung für die Nutzer:innen in den meisten Fällen auf den zweidimensionalen Erlebnisraum beschränkt bleibt. Nachfolgend wird ein (Vermittlungs-)Format diskutiert, mit dem im Bereich der Kunst- und Wissensvermittlung ein besonders hohes Maß an Nutzer:innenaktivierung und Partizipation erreicht werden kann: Virtual Reality (VR).

Der digitale Wandel durchdringt bereits querschnittartig sämtliche Bereiche unseres gesellschaftlichen und wirtschaftlichen Handelns, und das „Buzzword" Digitalisierung ist nicht nur in Museumskreisen in aller Munde (vgl. Günter, 2019, S. 220; Hahn, 2021, S. 45). Als eine der Schlüsseltechnologien der Digitalisierung, darunter auch Augmented Reality (AR), Robotik und künstliche Intelligenz (KI), werden der VR-Technologie hohe Wachstums- und Umsatzsteigerungen für die nächsten Jahre prognostiziert (vgl. Statista, 2022). Auch im Kunst- und Kulturbereich wird VR zunehmend relevanter; es existieren bereits zahlreiche Projekte, die VR-Anwendungen als Vermittlungsformat im Ausstellungsraum einsetzen[1].

Die Nutzer:innen einer VR-Anwendung befinden sich in einer (möglichst) komplett geschlossenen, virtuellen und computergenerierten Wirklichkeit – einer virtuellen Realität, in

1 U. a. ist VR auch Teil des bundesgeförderten Kollaborationsprojekts *museum4punkt0*, in dessen Rahmen zahlreiche VR-Projekte von verschiedenen Museen in ganz Deutschland umgesetzt werden/wurden (s. **https://www.museum4punkt0.de** [abgerufen am 13.06.2024]). Beispielhaft hervorheben möchte die Autorin hier das sog. „VRlab" des Deutschen Museums, München: auf einer VR-Experimentierfläche wurde der Einsatz von VR als vielseitiges Vermittlungstool eingehend erforscht und dokumentiert.

der sie in verschiedenen Graden interagieren können. Das vollständige Eintauchen bis zum Verlust der Realitätswahrnehmung wird als *Immersion* bezeichnet. Zutritt in die virtuelle Realität erhalten die Nutzer:innen in der Regel über sogenannte *Head-Mounted-Displays* (HMD), am Kopf getragene Ausgabegeräte wie VR-Brillen, oder durch das Betreten von Projektionsräumen mit Großbildleinwänden, sogenannten *Cave Automatic Virtual Environments* (CAVE). Ein seit Juli 2022 existierendes Beispiel hierfür ist die Multimedia-Installation zur Guldensporenschlacht 1302 in der Onze-Lieve-Vrouw-Kirche in Kortrijk/Belgien.

Das hohe Maß an Interaktion ist ein einzigartiges Merkmal von VR-Anwendungen. Bei der Bewegung in einem zweidimensionalen Erlebnisraum, bspw. in Form eines 360°-Panoramas, können Besucher:innen in fortgeschritteneren Anwendungen meist vorwärts und rückwärts navigieren und einzelne Objekte bzw. Aktionsfelder anklicken, um die entsprechenden Informationen (in Form von Text, Video oder Audiodatei) zu erhalten. Die Einbindung von Fotos ermöglicht dabei zwar die realistische Darstellung des Ausstellungsraumes, doch wenn sich die Benutzer:innen sehr nah an die Grenzen des Bildbereichs bewegen, werden die Bilder unscharf. Zudem sind sie meist nur aus einem Winkel zu betrachten und können von den Besuchenden nicht manipuliert werden – was die freie Erkundung und Interaktion erschwert.

Mit VR ist innerhalb einer virtuellen Umgebung – je nach Anwendungstyp – freie Navigation und Erkundung möglich. Mit entsprechendem Equipment und je nach Immersionsgrad der Anwendung können die Elemente der (virtuellen) Ausstellungswelt aus jedem gewünschten Blickwinkel betrachtet werden, und es kann sogar mit den Exponaten interagiert werden. Das Auswählen einzelner Objekte bzw. bestimmter Aktionspunkte im virtuellen Raum wird z. B. durch die Steuerung mittels Augenbewegung (*Eye Tracking*) und/oder die Nutzung von Controllern mit Tracking-Systemen ermöglicht. Gegenüber der statischen Navigation durch einen zweidimensionalen Ausstellungsraum fühlt sich das Navigieren mit einer modernen VR-Brille natürlicher an, und Bewegungen können (je nach Modell) in Echtzeit übertragen werden. Neben der intuitiven Steuerung bietet VR weitere Vorteile für virtuelle Museen (vgl. Zouboula et al., 2008, S. 95–96; Günter, 2019, S. 226; Geipel/Hohmann, 2021, S. 258):

- Umgebung: Durch das Tragen einer VR-Brille mit entsprechender VR-Anwendungen wird eine realistische Simulation der Umgebung und der Exponate geschaffen, sodass sich für die Besucher:innen das Erlebnis und der Immersionseffekt intensivieren
- Entfernung: Die eigentliche (physische) Entfernung zu den entsprechenden Exponaten kann besser unterdrückt werden und die Besucher:innen können zeitlich und räumlich unabhängig in die virtuelle Museumsumgebung eintauchen und diese (inter-)aktiv nutzen.
- Perspektive: In VR-Anwendungen können Nutzer:innen verschiedene Perspektiven einnehmen. Neben der Ich-Perspektive kann z. B. eine Außenperspektive oder Vogelperspektive eingenommen werden

- Immersion: Durch den hohen Grad an Immersion fühlt sich die virtuelle Welt für die Nutzer:innen real an. So kann dabei auch das Phänomen der Höhenangst wirksam werden.
- Zugänglichkeit (sowohl räumlich als auch thematisch): Mit VR können virtuelle Ausstellungswelten auch von Menschen besucht werden, für die ein physischer Besuch nicht in Frage kommt. Darüber hinaus können intangible Themen behandelt und besonders fragile Objekte zumindest virtuell erlebbar werden.

In einer analogen Ausstellung können damit vor allem Effekte im Bereich einer realistischen Rekontextualisierung bestimmter Exponate erreicht werden, was im virtuellen Museum bereits durch das Design des virtuellen Ausstellungsraumes und andere digitale Vermittlungsformate teilweise gegeben sein kann. Durch den hohen Immersionsgrad einer VR-Anwendung wird dieser Effekt jedoch nochmals deutlich verstärkt: Ursprüngliche Kontexte von Museumsobjekten können im virtuellen Raum nicht nur rekonstruiert, sondern realistisch erfahrbar gemacht werden, wodurch neue Zugänge zu den Exponaten geschaffen werden (vgl. Geipel/Hohmann, 2021, S. 258). Erste Studien zeigen zudem, dass sich der Einsatz von VR im Ausstellungskontext positiv auf das Lernen im Museum auswirken (vgl. Zouboula et al., 2008, S. 95) und die Emotionen der Besucher:innen stärker als andere Vermittlungstools ansprechen kann (vgl. Deutsches Auswandererhaus, 2019, S. 100).

Der Einsatz von VR birgt jedoch auch Herausforderungen, sollte in jedem Fall wohlüberlegt sein und auf eine langfristige und nachhaltige Nutzung hin konzipiert werden. Zunächst sind Entwicklung, Einsatz und (fortwährende) Instandhaltung von VR-Anwendungen ressourcenintensiv – sowohl in zeitlicher, personeller als auch vor allem finanzieller Hinsicht. Darüber hinaus stößt VR als relativ neue Technologie bei einigen Besucher:innen auf Skepsis und/oder Ablehnung. Auch kann es zu körperlichen Reaktionen in Form von Schwindel oder Übelkeit kommen (*Motion Sickness*). Darüber hinaus können VR-Anwendungen störanfällig sein und sollten auf keinen Fall ohne Hinweise zur Bedienung und (besonders im Falle eines unabhängig nutzbaren virtuellen Museums) Ansprechpersonen zur Verfügung gestellt werden (vgl. Geipel/Hohmann, 2021, S. 258). Abschließend muss noch erwähnt werden, dass VR als „Erweiterung des [virtuellen, Anm. d. A.] Museumsraums" (Geipel/Hohmann, 2021, S. 258). gedacht werden muss und keinesfalls als kurzfristige technische Spielerei um der neuen Technik willen.

Virtuelle Museen bergen die Chance, von gelegentlichen und statischen Informationsmitteln zu Mitteln des täglichen, dynamischen, direkten und persönlichen Kontakts für Besucher:innen zu werden, da sie im Idealfall jederzeit und von überall zu besuchen sind. Die gleichzeitige Verbreitung von VR-Brillen als Hardware-Lösung zur Nutzung von VR-Anwendungen kann eine konstruktive Unterstützung für die Nutzung virtueller Inhalte sein. Mit steigender Verbreitung von VR-Content und im Verkaufspreis günstiger werdender Ausrüstung (vgl. PWC, 2019) sind VR-Anwendungen ein vielversprechendes Vermittlungstool, das die Entwicklung virtueller Museen beflügeln kann. Nur kurz anklingen soll hier das Potenzial von VR als Einnahmequelle für (virtuelle) Museen, in dem VR-Anwendungen lizenziert und B2B als Vorlagen an andere Kultureinrichtungen und B2C an Endnutzer:innen verkauft werden können. Weitere Erlösmodelle für virtuelle Museen werden in Kapitel 15.3. vorgestellt.

14. LAUFENDER BETRIEB

14.1. Aufbau- und Ablauforganisation

(OTMAR BÖHMER)

Mit Blick auf die vielfältigen administrativen Möglichkeiten und die große Vielfalt von Organisationsformen bei analogen Museen sollte bei einer Entscheidung für die eine oder andere Form die „ideale Aufbauorganisation" auch für das virtuelle Museum im Vordergrund stehen. Sie legt das Gerüst der Organisation fest und gibt hierarchische Strukturen vor, nach denen sich die Arbeitsabläufe ausrichten. Alle Abteilungen, Arbeitsbereiche und Gremien der Institution werden in eine übersichtliche Struktur gegliedert. Dabei werden den einzelnen Teileinheiten ihre Aufgaben und Kompetenzen zugeordnet und so wird die Koordination zwischen den Teileinheiten gesichert.

Die Aufbauorganisation legt also den Rahmen fest, welche Aufgaben von welchen Mitarbeiter:innen mit welchen Sachmitteln zu bewältigen sind. Zweck der Aufbauorganisation ist es, eine sinnvolle arbeitsteilige Gliederung und Ordnung der betrieblichen Handlungsprozesse zu erreichen, indem Aufgaben gebildet und verteilt werden. Konkret wird hier definiert: Wer leitet? Wer entscheidet was? Wer ist sinnvoll wem zugeordnet? Welche Rechte und Pflichten bestehen für den:die Einzelne:n?

Mit der Ablauforganisation ist die Aufgabenerledigung – eigentlich der „Produktionsprozess" – bezeichnet. Der Arbeitsalltag auch in einer virtuellen Kulturorganisation ist geprägt von vielen Prozessen, die ineinandergreifen müssen. Raum, Orte, Zeit und die Ressourcen werden zueinander in Verbindung gesetzt und sollten im Ergebnis das Erreichen des gewünschten Ziels möglichst konfliktfrei ermöglichen. Um die Vielzahl von nach- und nebeneinander stattfindenden arbeitsbetrieblichen Prozesse effizient und effektiv zu gestalten, ist es notwendig, eine an die spezifischen Anforderungen angepasste Ablauforganisation zu entwickeln.

Diese betrifft Einzelheiten wie die zeitliche Reihenfolge von Arbeitsschritten oder die räumliche Gliederung der Arbeitsprozesse. Die Ablauforganisation beantwortet also die Frage: „Wie, wann, wo und womit wird eine Teilaufgabe erfüllt?" Ziel der Ablauforganisation ist es, einerseits die vorhandenen Kapazitäten optimal auszulasten und andererseits den Arbeitsprozess optimal zu organisieren.

Beim digitalen Miteinander kann unterstellt werden, dass die Arbeitsprozesse vermehrt paralleler, nebeneinander, kooperativer erledigt werden können. Weniger die Hierarchie, mehr das Netzwerk ist organisatorisch bestimmend.

Die Abläufe werden zeit- und ressourcenschonender umsetzbar sein. Dafür müssen entsprechende prozessorientierte Softwaresysteme zur Verfügung stehen (z. B. Trello, Slack, MS-Project). Die IT gewinnt im Unternehmen „Museum" an Bedeutung, mehr als dies bereits heute der Fall ist, wo die digitalen Vermittlungsformate erkennbar in den letzten beiden Jahren ein Defizit an Know-How in den Kulturinstituten offengelegt haben. Das virtuelle Museum „lebt" von der digitalen Ganzheitlichkeit.

14.2. Alternative Formen der Selbstorganisation (JULIA RÖMHILD)

Um den Erfordernissen des digitalen Miteinanders gerecht zu werden, kann daher durchaus auch an alternative Organisationsstrukturen gedacht werden. Denn neben der Übertragung „traditioneller", eher hierarchisch geprägter Organisationsstrukturen auf virtuelle Museen sind auch Strukturen denkbar, die üblicherweise im Bereich der FinTech- und Startup-Szene Anwendung finden. Gemeint sind „agile" Organisationsformen, die zugunsten von Selbstorganisation und Prozessorientierung weitestgehend auf hierarchische Stellengefüge verzichten.

Im Fokus agiler Organisationsgestaltung steht im Kern eine hohe organisationale Wandlungsdynamik als Antwort auf dynamische und oft auch disruptiv wechselnde Umweltbedingungen. Die sogenannte „VUKA-Welt" beschreibt diese Herausforderungen, denen sich Kulturorganisationen stellen müssen (vgl. Mohr/Modarressi 2021). Dabei steht das Akronym für

- *Volatilität* = enorme Schwankungen innerhalb kurzer Zeitspannen
- *Unsicherheit* = Schwierigkeit eindeutiger Prognosen
- *Komplexität* = wachsende Dichte zu verarbeitender Informationen
- *Ambiguität* = Widersprüchlichkeit möglicher Handlungskontexte

Zusammengefasst sehen sich Kulturbetriebe einer „zunehmend uneindeutigeren Gesellschaft [ausgesetzt], die andere Formen der Verarbeitung im Sinne eines veränderten Umgangs mit Alltagsfragen notwendig macht" (vgl. Mohr/Modarressi 2021, S. 12). Das erfordert eben auch Alternativen zur traditionellen Aufbauorganisation in Museen. Als alternative (oder ergänzende) Konzepte, die auch und insbesondere für virtuelle Museen angewendet werden können, sind exemplarisch die Folgenden zu nennen:

- *Agilität* beschreibt generell die Fähigkeit zur Anpassung an gesellschaftliche Veränderungen und ist nur durch innovationsfördernde Strukturelemente erreichbar. Im Kontext der Innovationsorientierung erscheint auch das Stichwort der *organisationalen Ambidextrie* („Beidhändigkeit") von Bedeutung. Die organisationale Beidhändigkeit bezieht sich darauf, dass Organisationsstrukturen sowohl geeignet sind, bestehende Prozesse möglichst effizient zu gestalten (Exploitation, beispielsweise bezogen auf Verwaltungsaufgaben) als auch gleichzeitig Raum für Innovationen und Kreativität zu schaffen (Exploration). Dabei soll die höhere Innovationsorientierung bestehende Routinen durch Prozesslogik befruchten bzw. professionalisieren.
- *Kollaborative Arbeitskontexte* folgen dieser Logik und können als querschnittsorientierte Ergänzung der Aufbauorganisation – meist in Form von Projekten – geschaffen werden. Die Idee ist dabei, einen ressort- und hierarchieübergreifenden „Raum"

für Ideen und Selbstreflexionen zu schaffen, „um das Wissen der Beschäftigten anders miteinander in Beziehung zu bringen und dadurch alternative Herangehensweisen zu ermöglichen." (vgl. Mohr/Modarressi 2021, S. 19)

- *Agiles Projektmanagement* bedeutet, „dass ein erfahrenes Team mit Mitgliedern aus verschiedenen Abteilungen die Planung und Durchführung eines Projektes übernimmt. Das Team hat alle notwendigen Fähigkeiten und Entscheidungsfreiheiten, kommuniziert den Projektfortschritt stets transparent und stimmt sich kontinuierlich untereinander und mit anderen Abteilungen ab." (**https://musermeku.org/agiles-projektmanagement/**)
- *Design Thinking* ist eine Methode des agilen Projektmanagements, die sich auch für Kulturbetriebe anbietet (vgl. Pöllmann 2019, S. 91). Im Wesentlichen handelt es sich bei Design Thinking um einen Ansatz aus dem Innovationsmanagement, der vielfältige Fragestellungen und Methoden kombiniert. Die Idee des Design Thinking ist es, ausgehend von den Kundenbedürfnissen Produkt- oder Prozessinnovationen zu schaffen.
- *Scrum* ist eine weitere Methode des agilen Projektmanagements und wurde von Jeff Sutherland und Ken Schwaber (1995) erstmals auf einer Konferenz öffentlich vorgestellt. Die Scrum-Methode trägt maßgeblich zum heutigen Verständnis von agilem Arbeiten bei. Dabei nutzt Scrum selbstorganisierte Teams und verkürzte Planungszyklen verbunden mit häufigen, aber ebenfalls verkürzten Abstimmungsprozessen.
- *Holokratie* ist eine Organisationsform, die komplett auf Selbstorganisation beruht. Auf Hierarchie und Titel wird verzichtet, vielmehr werden Rollen festgelegt, die über Entscheidungsautonomie verfugen. Der organisationale Aufbau erfolgt dabei in „Circles", innerhalb derer Rollen definiert werden. Die Definition der Rollen erfolgt auf Basis der Fähigkeiten, die Mitarbeiter:innen mitbringen und distanziert sich von typischen Stellenbeschreibungen. Holokratie folgt der Betrachtung von Betrieben als Organismen, die wachsen und sich verändern können und ganzheitlich auf Herausforderungen reagieren. (vgl. Deeken/Fuchs 2018, S. 29–31)

Kernelemente solcher Strukturlösungen auf Projekt- oder Organisationsebene sind „innovationsfördernde Strukturelemente" durch Dynamisierung, Prozessorientierung, dezentrale Entscheidungsstrukturen und die Schaffung kollaborativer Arbeitskontexte. Durch den Verzicht auf Leitungspositionen liegt die Entscheidungsautonomie bei den Mitarbeiter:innen in den jeweiligen Fach- bzw. Funktionsbereichen („Products" oder „Circles"). Damit verbunden sind aber auch häufige und regelmäßige Abstimmungsprozesse zwischen allen Beteiligten.

Mitunter eignen sich agile Strukturlösungen gut oder gar besser für virtuelle Museen, die nicht nur vornehmlich das Publikum digital ansprechen, sondern auch selbst in weiten Teilen digital bzw. technologiebasiert organisiert werden. So können virtuelle Museen auch virtuell organisiert sein und virtuelle Strukturen aufweisen, welche größtenteils auf Homeoffice und Cloud-basierten Abstimmungs- und Arbeitsprozessen beruhen können (etwa unter der Nutzung kollaborativer Tools wie Miro, Trello etc.).

Dennoch muss an dieser Stelle darauf hingewiesen werden, dass agile Strukturlösungen keinen „Königsweg" darstellen, um virtuelle Museen zu organisieren. Vielmehr gilt es abzuwägen, ob und in welchem Maße Formen der Selbstorganisation einsetzbar sind, denn diese erfordern eine bestimmte Organisationskultur mit

- einer hohen Bereitschaft zu kooperativem Verhalten
- Vertrauen
- einer offenen Konfliktkultur
- einer Möglichkeit zur Autoritätsausübung über fachliche Expertise (nicht über hierarchische Positionen)
- der Möglichkeit, eigenverantwortlich zu handeln (vgl. Schreyögg/Koch 2020, S. 357).

Ganz ohne „traditionelle" Strukturen und Arbeitsteilung geht es also nicht (immer). Jedoch können agile und innovationsfördernde Strukturen geschaffen werden, um diese zu bereichern. Diese sind jedoch sehr individuell auszugestalten und können kaum einem „Rezept" folgen. Dies gilt auch für die Aufbauorganisation eines Museums im klassischen Sinne, die jedoch im Folgenden exemplarisch dargestellt wird, um einen beliebig veränder- und erweiterbaren Ausgangspunkt für die Strukturierung virtueller Museen zu schaffen.

15. AUSGEWÄHLTE MANAGEMENTAUFGABEN

15.1. Management und Leitung

(OTMAR BÖHMER)

Beispielhaft ist das (evtl. nicht mehr aktuelle) Organigramm der Kunstsammlung Nordrhein-Westfalen hier als Vergleichsmöglichkeit zu Grunde gelegt (siehe folgende Abbildung).

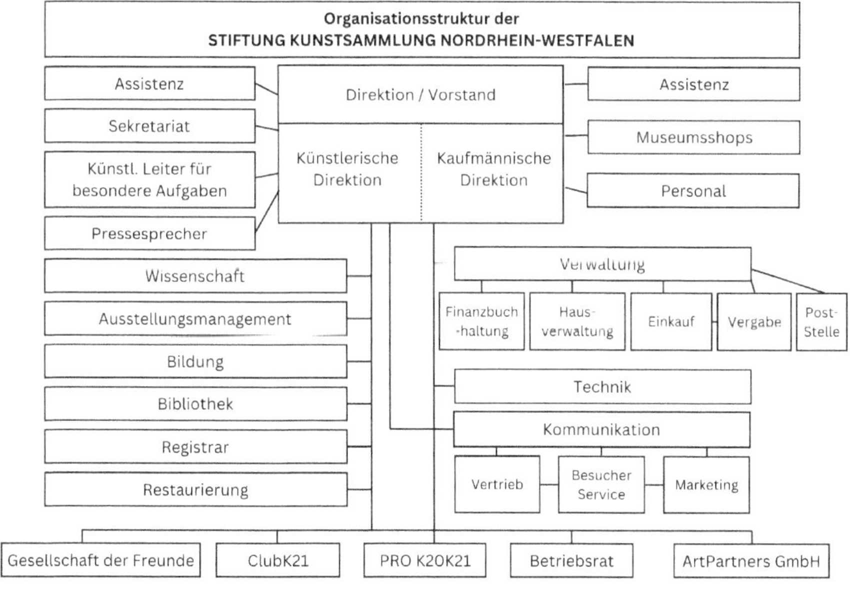

Abbildung 5: Organigramm der Kunstsammlung Nordrhein-Westfalen

Beim Check dieses Organigramms und der Überlegung, was für ein virtuelles Museum zu ändern ist, stellt man fest: gar nicht viel! Dabei sei allerdings unterstellt, dass es sich um ein Museum mit vielen Sammlungsbeständen, einem großen öffentlichen Wirkungsgrad, einer hohen Beachtung in der Kunstwelt sowie einer internationalen Kontaktpflege handelt. Und um ein Museum in einer flexiblen Form der Trägerschaft oder Organisation. Angenommen werden kann, dass in einem virtuellen Museum die Aufgaben im Bereich des Marketings im weiteren Sinne (siehe Günter/Hausmann 2012 sowie Günter/Römhild 2023) und damit der Kommunikation, Interaktion und Partizipation einen höheren Stellenwert erhalten und organisatorisch „höher" angesiedelt werden.

Eine Empfehlung wäre, das Leitungsteam eines solchen Museums mit einer Dreierspitze zu führen:

- Inhaltliche Leitung
- Technische IT- Leitung
- Finanzielle Leitung

Beispielhaft dürften hierfür die Theater sein, die in vielen Fällen diese Leitungssparten so organisiert haben, da die Arbeitsbereiche zu spezifisch sind, um sie in einer Hand zu belassen.

Sammlung, Ausstellung, auch Restaurierung der Objekte der Medienkunst, wenn sie denn in eigener Sammlung verfügbar sind, wären als aufgabenbezogene Positionen notwendig. Allerdings wäre die letztgenannte Position eigentlich im Bereich der IT anzusiedeln. Dies soll nur beispielhaft dafür stehen, dass in der Administration, dem Vertrieb, der Kommunikation und Vermittlung die Positionen analoger Institutionen ähnlich, aber mit anderen Aufgabeninhalten zu finden sind.

Einzig der Aspekt Gebäude, Instandhaltung und Hausverwaltung entfällt. Da er üblicherweise ein erheblicher Kostenfaktor ist, wird sein Wegfall die Kosten senken. Ein Element für Schädlingsprävention und -beseitigung taucht in ähnlicher Form bei virtuellen Museen als Virenschutz auf.

Ein wichtiger Arbeitsbereich ist der Vertrieb, verbunden mit der Kommunikation und der Vermittlung, sowie den im Leitfaden an anderer Stelle dargestellten Notwendigkeiten der Finanzierung. Hier ist ein erheblich höherer Bedarf an Input gegeben.

15.2. Kommunikation und Marketing
(REINHARD GRÖNE)

Die Entscheidung für die Nutzung des Internets als „Ort" und Verortung des Museums hat unmittelbaren Einfluss auf Marketing und die damit verbundene Kommunikation. Denn grundsätzlich sind alle am Museumsthema Interessierten auf der ganzen Welt angesprochen. Sie wollen und können dank unterschiedlicher Übersetzungsprogramme in allen möglichen Sprachen erreicht werden. Ein aus der Sicht der Nutzer:innen und aller anderen Stakeholder:innen unvergleichlicher Vorteil. Aber gleichzeitig auch eine unvorstellbare Herausforderung. Denn kulturelle Grenzen müssen weiterhin respektiert und beachtet werden. Da stehen oftmals Glaubensrichtungen bzw. Religionen einer gleichlautenden Ansprache in Wort und Bild im Weg.

Jede marketinggetriebene Kommunikation dient letztlich dem einen Ziel, dem „Verkauf" und der Akzeptanz durch Zielgruppen, insb. der Kund:innenbindung. Sie ist eine Investition zum einen zur Erhöhung der Sichtbarkeit, der Akzeptanz, der Kund:innenbindung und des Community Building – und damit der Förderung der Nutzer:innenzahlen und der Nutzer:innenfrequenz. Auf der anderen Seite dient sie damit im Falle entgeltlicher Nutzung der Sicherung der nachhaltigen Finanzierung – wenn auch ohne Gewinnerzielungsabsicht.

Effektive und effiziente Kommunikation kommt nicht ohne eine starke Marke, ohne eine möglichst selbsterklärende „Brand" aus. Dabei wird man auf internationale Ausstrahlung mit

„Wow-Effekt" setzen. Neben dem visuellen Logo macht auch ein akustisches Logo Sinn – vor allem in einem Medium, das beides von Haus aus mitbringt. Die ganze Welt ist Ziel und will nicht nur eingeladen werden, sie will angezogen („attracted") werden – keine triviale Aufgabe im 24/7-Kommunikations-Dschungel des Internets und im künftigen *Metaversum*. Da stehen Social Media-Kampagnen und vermittelnde Webinare – gerne auch live – im Mittelpunkt. Die ganze Bandbreite der klassischen Kommunikation unterstützt den Markenauftritt, wenn sie immer direkt zum digitalen Angebot führt: QR-Codes, Verlinkungen auf Web-Präsenz, Newsletter, Community, Museumsshop.

Hybride Erlebbarkeit und Ergänzung der virtuellen Aufbereitung durch zeitlich limitiertes „Pop-up Museum" drängt sich als zusätzliches Kund:innenbindungs-Programm auf.

Soziale Medien sind der entscheidende Schlüssel zur Gewinnung von „leads" und Besucher:innen. Kund:innenbindung kann und sollte auch mit Community Aufbau einhergehen – von einem weltweit aufgestellten „Freundeskreis" bis zum an der Zielgruppe interessierten Sponsor:innen und Partner:innen.

15.3. Das Erlösmodell: B-to-C und B-to-B

(REINHARD GRÖNE UND BERND GÜNTER)

Für das Geschäftsmodell „virtuelles Museum" ist die Entscheidung für ein Erlösmodell möglicherweise existenziell. Dabei ist zu unterscheiden, welche Erlöse von welchen Zielgruppen angestrebt werden sollen, also Entgelte aus einem Geschäft mit Konsument:innen (Endverbraucher:innen) im B-to-C-Verhältnis (Business to Consumer) und/oder Entgelte aus Beziehungen mit Institutionen und Betrieben im B-to-B-Geschäft (Business to Business).

Welche B-to-C- und welche B-to-B-Erlöse sind denkbar?
Wahrscheinlich wird man gegenüber einem breiten Publikum von Kulturkonsument:innen Zugang und Nutzung grundsätzlich unentgeltlich ermöglichen. Allerdings kann für Sonderausstellungen „Eintritt" erhoben werden, insbesondere von High-Interest- oder Special-Interest-Zielgruppen. Möglicherweise können Erlöse am ehesten über Bildungsangebote (im Rahmen der Vermittlungsaufgabe) generiert werden.

Daneben kann die Teilnahme an besonderen Einzelevents und Wettbewerben mit Teilnahmegebühren verbunden werden. Grundsätzlich denkbar sind auch Modelle wie „Pay As You Stay" (Entgelt nach Verweilzeit) oder „Pay What You Want" mit allen damit verbundenen wirtschaftlichen Unsicherheiten.

Ein Online-Museums-Shop – der wie in der Offline-Welt auch an eine:n geeignete:n Betreiber:in vermietet/verpachtet werden kann – kann alles anbieten, was auch ein Offline-Museums-Shop bieten könnte: Von Katalogen in elektronischer bis gedruckter Form (mit Versand) über den Versand von digitalen Nachrichten oder Grüßen aus dem virtuellen Museum. Alle Merchandising-Objekte mit der Museums-Marke, aber auch mit Exponaten inkl. virtueller Gadgets wie NFTs eignen sich. Die digitale Technik bietet für das Merchandising schnelle Personalisierung und Individualisierung, wo gewünscht. Über den Shop können auch Offline-Erfahrungen rund um das Thema des virtuellen Museums für zuhause als kostenpflichtige Webinare angeboten werden – z. B. Webinare mit Kurator:innen und spezielle virtuelle Rundgänge, aber auch Begegnungen mit den Exponaten selbst (Beispiel: Verleih von Exponaten für eine beschränkte Zeit gegen Gebühr, Versicherung und Versandkosten).

In B-to-B-Beziehungen können institutionelle (organisationale) Zielgruppen als Sponsoring-Partner:innen gewonnen werden – natürlich gegen Entgelt oder im Sach-, Personal- oder Know-how-Sponsoring. Denkbar sind finanzwirksame, zeitlich begrenzte Off-Line-Auftritte des virtuellen Museums bei interessierten Partner:innen oder Sponsor:innen – ein *Pop-up-Museum* auf Zeit, das man sich als eigene Attraktion „mieten" kann. Ein derartiges „Pop-up-Museum" hilft bei Sichtbarkeit und community-building und ist auch ein geeignetes Marketing- und Refinanzierungs-Tool. Das Pop-up-Museum ist eine erlösorientierte Eigenveranstaltung mit zahlreichen Kooperationsmöglichkeiten, die sich genauso darstellen wie bei jedem Präsenz-Event. In solchen kooperativen Formen kann auch Umsatzbeteiligung vereinbart werden, Entgelte für den Marken-Auftritt von Kooperationspartner:innen, Standmiete und Eintritts-Entgelt.

Ein Pop-up-Museum kann auch als Ganzes an einen oder mehrere „Betreiber:innen", ggfs., zeitlich limitiert, lizensiert werden. Dabei sind die bei solchen Events üblichen Regularien und Absprachen einzuhalten.

Außerdem kann im B-to-B-Geschäft die Unterstützung von Ausstellungen und Abteilungen durch Namensnennung des:der Sponsor:in hervorgehoben werden, so wie es auch in der Offline-Welt von Kulturinstitutionen praktiziert wird. In der virtuellen Welt ist eine direkte Verlinkung mit dem Web-Auftritt des:der Partner:in oder Sponsor:in denk- und realisierbar – mit speziellen Führungen für Mitarbeiter:innen oder Kund:innen. Die Verlinkung kann aber auch von dem:der Partner:in bzw. Sponsor:in hin zum virtuellen Museum als Kompetenzzentrum erfolgen. Externe Unterstützung kann auch durch Einbringung von virtuellen bzw. digitalisierten Exponaten erreicht werden: sozusagen „Leihgaben" – entweder auf Zeit oder unbegrenzt.

Im Prinzip sind also alle Möglichkeiten, die ein klassisches Offline-Museum nutzt, zu erwägen, vorausgesetzt sie sind praktikabel der Online-Welt angepasst. Möglichkeiten, die zur ausgeglichenen Finanzierung des Museums beitragen können, ggfs. die öffentliche und/oder private Förderung ergänzen und die mögliches Interesse von B-to-B-Partner:innen an einem virtuellen Museum nutzen, sind also z. B.:

- Lieferung von Informationen, Material und „Leihgaben" zum Thema des virtuellen Museums
- Sponsorship – formal, mit Vertrag (Finanzsponsoring, Sachsponsoring, Know-how-Sponsoring, weniger: Personalsponsoring)
- Selbstdarstellung, Markenbekanntheit, Präsenz bei Nennung

- Werbemedium: kurzfristig veränderbar, neue Zielgruppen
- Marktforschung Befragungen mit schnellem Ergebnis
- Vermietung eines Raumes im virtuellen Museum

- Ggfs. Unterstützung durch das virtuelle Museum bei Start-up-Gründungen zu museumsähnlichen Themen.

15.4. Kostenmanagement und Controlling (OTMAR BÖHMER)

Im Rahmen des betriebswirtschaftlich erforderlichen Controllings stellt sich beim Aufbau eines virtuellen Museums die Frage, wie die Start-up-Phase auch finanziell bewältigt werden soll. Diese Finanzierungsfrage ist entscheidend von der Frage der Organisationsform, der Trägerschaft abhängig.

- Ist das virtuelle Museum ein mehr wirtschaftlich agierendes, trotzdem gemeinnütziges Museum?
- Ist der Sammlungsbestand vorhanden?
- Muss er zumindest teils erworben werden?
- Kooperiert man mit Dritten zum Start?
- Ist ein Kapital/Vermögen vorhanden?

Wie bei einem Start-up wird der Ablauf bis zur Aufnahme des digitalen Museumsbetriebes einer Einführungsphase bedürfen, die finanziell getragen werden muss. Technische und personelle Investitionen sind zwingend.

Im laufenden Betrieb bedarf es dann eines zielorientierten Controllings als funktionsübergreifendes Führungsunterstützungssystem, das die für die Unternehmensführung notwendigen Daten sammelt, Informationspools erschließt, Informationswege kanalisiert und die gewonnenen Daten in einem empfänger:innenorientierten Bericht zusammenfasst, der in komprimierter Form alle entscheidungsrelevanten Daten beinhaltet. Dabei ist das Controlling mitverantwortlich für Zielfestlegungen, mitlaufende Zielverfolgung und ggfs. Abweichungsanalysen.

Diese Definition zeigt, dass das Controlling ein Serviceinstrument zum Erreichen eines vorgegebenen Zieles ist. Das Ziel zu definieren ist gerade im Kulturbereich mit Blick auf die inhaltliche Qualität und die Darstellung der künstlerischen Ziele problematisch. Vor Einführung eines Controllings sollte darauf geachtet werden, dass ein explizit formuliertes Ziel der Organisation existiert.

Als Informationsquelle steht die Finanzbuchhaltung zur Verfügung, mit deren Daten die Steuerung der Projekte und der Institution möglich ist. Es ist dort Wissen über den internen Status verfügbar, das ebenso für den:die Träger:in und die Aufsichtsgremien eine Basis der Diskussion über zukünftige Projekte und Perspektiven darstellt.

Die Instrumente der strategischen Steuerung sind u. a. Leitbilder, Besucher:innenforschung und Zielvereinbarungen mit dem Träger und internen Abteilungen. Von diesen Instrumenten erscheint die Besucher:innenforschung wegen ihrer Konkretisierung der Forderungen und Ziele ein stark ergebnisorientiertes Element zu sein.

Controlling ist zuvorderst ein Instrumentarium der Leitungsebene einer Institution zur kritischen und permanenten Reflexion der eigenen Entscheidungen.

Kennzahlen können im weiteren Verlauf Anhaltspunkte für ein Benchmarking mit vergleichbaren Wettbewerber:innen, Anbieter:innen liefern.

Beispiele für statistische Kennzahlen:

- Zahl der Besucher:innen gesamt (dazu ist zu klären, unter welchen Bedingungen ein:e Nutzer:in als digitale:r Besucher:in gilt)
- Zahl der Veranstaltungen
- Zahl der Teilnehmer:innen an Veranstaltungen
- Zahl der Führungen
- Zahl der Teilnehmer:innen an Führungen
- Kennzahlen Ausstellung gesamt
- Kosten und „Deckungsbeitrag 1“[1] je Besucher:in
- Erlöse/Besucher:innen
- Teilnehmer:innen/Veranstaltung
- % Teilnehmer:innen an Veranstaltungen/Besucher:innen
- Teilnehmer:innen an Führungen/Führung
- % Teilnehmer:innen an Führungen/Besucher:innen
- Zahl wissenschaftlicher Veröffentlichungen
- Anzahl der veröffentlichten Medien
- Auflage der veröffentlichten Medien
- Anzahl der Partner:innen
- Sponsor:innen- und Unterstützer:innen-Zahl, Status und -Volumen
- Feedback-Zahlen.

Die Finanzplanung und damit das Finanz-Controlling eines virtuellen Museums wird sicher als eine Mischung aus Fördermitteln, Sponsoring und selbst generierten Einnahmen anzusehen sein.

1 Als „Deckungsbeitrag 1“ bezeichnet man in der Kosten- und Leistungsrechnung den Bruttogewinn, der nach Abzug der Einzelkosten eines Kostenträgers (bei anderen Zielsetzungen der Kostenrechnung: der variablen Kosten) vom Erlös (Preis) eines Produktes oder Objektes entsteht.

YASMIN MAHMOUDI

16. RECHTLICHE ASPEKTE

16.1. Geistiges Eigentum und Urheberrecht

Für virtuelle Museen stellt sich in besonderem Maße die Frage, ob es für die virtuelle Ausstellung der Exponate einer urheberrechtlichen Lizenz bedarf. Das Urheberrecht verleiht dem:der Inhaber:in das ausschließliche Recht, das Werk zu nutzen. Dieses Recht entsteht automatisch mit der Schöpfung eines urheberrechtlichen Werkes und erlischt erst 70 Jahre nach dem Tod des:der Schöpfer:in. Grundsätzlich bedarf daher jede Nutzung der Einholung der Erlaubnis des:der Urheberrechtsinhaber:in in Form einer Lizenz. Das Urheberrechtsgesetz sieht von diesem Grundsatz Ausnahmen insbesondere für Wissenschaft und Institutionen wie zum Beispiel Museen vor. Dabei unterscheidet das Gesetz zwischen solchen Museen, die keine unmittelbaren oder mittelbaren kommerziellen Zwecke verfolgen und öffentlich zugänglichen Museen, die kommerzielle Zwecke verfolgen. Letzteren ist die Vervielfältigung ohne Lizenz nur zum Zweck der Erhaltung eines Werkes erlaubt. Bei nicht kommerziellen Museen erlaubt das Gesetz darüber hinaus, ein Werk aus dem Bestand oder der Ausstellung des Museums für Zwecke der Zugänglichmachung, Indexierung, Katalogisierung, Erhaltung und Restaurierung zu vervielfältigen oder vervielfältigen zu lassen, auch mehrfach und mit technisch bedingten Änderungen. Eine weitere gesetzliche Ausnahme gilt für sogenannte verwaiste Werke. Diese dürfen sowohl vervielfältigt als auch öffentlich zugänglich gemacht werden. Verwaiste Werke sind dabei Werke aus Sammlungen von öffentlich zugänglichen Museen, wenn diese Bestandsinhalte bereits veröffentlicht worden sind und der:die Rechtsinhaber:in auch durch eine sorgfältige Recherche nicht festgestellt oder ausfindig gemacht werden konnte. Während die zuletzt genannte Vorschrift für verwaiste Werke ausdrücklich auch die öffentliche Zugänglichmachung, also das Hochladen von Inhalten im Internet beinhaltet, gilt dies für die zuvor beschriebene Katalogbildfreiheit gerade nicht. Diese erlaubt lediglich das Vervielfältigen, also das Herstellen einer Kopie, nicht jedoch die öffentliche Zugänglichmachung. Zusammenfassend gilt daher, dass ein virtuelles Museum verwaiste Werke ohne Einholung einer Lizenz digital ausstellen darf, nicht jedoch sonstige urheberrechtlich geschützte Werke aus dem eigenen Bestand oder der eigenen Ausstellung. Insofern bedarf es für die Nutzung im Internet einer Lizenz.

Virtuelle Museen dürfen, ohne vorab eine Lizenz einzuholen, alle Exponate ausstellen, bei denen das Urheberrecht durch Zeitablauf erloschen ist. Erlaubt ist darüber hinaus die Ausstellung von Exponaten, die zwar vom Kunstmarkt als ausstellungswürdig bewertet werden, denen aber die für den Urheberrechtsschutz erforderliche Schöpfungshöhe fehlt. Ein Beispiel sind die objet trouvée. Soweit es sich bei den virtuellen Museen nicht um Kunstmuseen handelt, spielt das Urheberrecht eine untergeordnete Rolle. Die Schöpfungshöhe kann im Designbereich erreicht werden. Auch Architekturskizzen sind urheberrechtlich geschützt. Sonstige Exponate, etwa aus dem Bereich Naturkunde oder Heimatkunde, unterliegen in der Regel nicht dem Urheberrecht. Bei Zweifeln, ob die Schöpfungshöhe erreicht ist, sollte ein Fachanwalt oder eine Fachanwältin konsultiert werden.

Zu prüfen ist, ob für das Exponat ein Geschmacksmuster oder ein Designrecht eingetragen ist. Ferner sind etwaige Markenrechte zu prüfen. Das Markenrecht unterscheidet sich von den übrigen Rechten des geistigen Eigentums dadurch, dass der Markenschutz zeitlich unbegrenzt besteht. So ist etwa die Marke „Meissen" seit über 500 Jahren kontinuierlich markenrechtlich geschützt. Wenn Markenschutz besteht, heißt das nicht automatisch, dass die Ausstellung nur mit Erlaubnis des:der Rechteinhaber:in möglich ist. Grundsätzlich tritt mit dem Verkauf eines Produktes so genannte Erschöpfung ein. Das bedeutet, der:die Markeninhaber:in kann die Ausstellung seiner:ihrer Produkte in einem Museum grundsätzlich nicht verbieten. Anders kann das im Falle der virtuellen Ausstellung sein, wenn etwa durch die Ausstellung ein Imagetransfer des Markenproduktes erfolgt. Wenn Markenprodukte oder Produkte, deren Design geschützt ist, virtuell ausgestellt werden sollen, empfiehlt sich die vorherige Prüfung durch eine Fachanwältin/einen Fachanwalt für gewerblichen Rechtsschutz. Die Einholung von Rechtsrat kann immer unterbleiben, wenn man die ausdrückliche Genehmigung des:der Rechteinhaber:in in Textform hat. Die Textform soll dabei sicherstellen, dass man die eingeholte Genehmigung belegen kann. Dies ist gar nicht nur im Streitfall relevant, sondern schon dann, wenn sich die jeweils handelnden natürlichen Personen ändern.

16.2. Bildrechte

Von großer praktischer Relevanz für jedes virtuelle Museum sind Bildrechte. Unabhängig davon, ob das virtuell ausgestellte Exponat selbst Urheberrechtsschutz genießt, stehen demjenigen, der das Exponat fotografiert oder gefilmt hat, Bildrechte zu. Ferner besteht grundsätzlich ein Anspruch des:der Fotograf:in auf Namensnennung. Das gilt entsprechend auch für denjenigen, der das Video oder das Reel aufgenommen hat. Hier sollte das virtuelle Museum für jedes einzelne Exponat sicherstellen, dass die entsprechenden Bildrechte eingeholt wurden, idealerweise einschließlich des Rechtes zur Bearbeitung und Unterlizenzierung. Das Recht zur Unterlizenzierung erleichtert etwaige Leihgaben. Die Einholung der Bildrechte wird in der Praxis häufig übersehen, wenn die Bilder vermeintlich selbst erstellt wurden. Da das Museum in den seltensten Fällen in Form einer Personengesellschaft oder durch eine natürliche Person als Träger geführt wird, dürfte es sich insofern um Personen handeln, die Bilder in Erfüllung ihrer Verpflichtung aus einem Arbeits- oder Dienstverhältnis geschaffen haben. Gerade dann gilt grundsätzlich unverändert, dass die Bildrechte ausdrücklich eingeholt werden müssen; es sei denn, es ergibt sich aus dem Arbeits- oder Dienstverhältnis etwas anderes. Hier ist zu empfehlen, eine ausdrückliche Regelung zu treffen, wonach die Rechte an den Bildern oder Videos der Exponate beim Museum liegen. Eine entsprechende Regelung ist insbesondere auch erforderlich, wenn die Aufnahmen von einem ehrenamtlichen Mitarbeitenden aufgenommen wurden.

Die Bildrechte müssen immer geklärt werden, unabhängig von dem Sujet der Abbildung und der Art der Sammlung, also insbesondere auch bei einem Technikmuseum oder einem sonstigen Museum außerhalb des Kunstbereiches.

Liegen die Bildrechte, wie oben empfohlen, bei dem Museum, kann es diese auch an Dritte weitergeben, zum Beispiel im Kontext von Leihgaben. Ferner können Lizenznehmer mit dem Vertrieb von Postern oder Postkarten von Museumsexponaten beauftragt werden. Zu NFT siehe unten 16.3. Dabei ist stets zu beachten, dass sowohl die Rechte der Fotograf:innen als auch jene der Künstler:innen eingeholt werden müssen. Je nach Rechtsform der Trägergesellschaft des Museums ist zu beachten, dass dabei die steuerlichen Höchstbeträge für einen wirtschaftlichen Betrieb nicht überschritten werden.

16.3. KI-Kunst

Bei der rechtlichen Beurteilung künstlicher Intelligenz (KI) ist zwischen den unterschiedlichen Phasen des Einsatzes der KI zu unterscheiden.

Am Anfang steht das Training der KI durch die Eingabe von teils urheberrechtlich geschützten Inhalten. Dies erfolgt häufig automatisiert durch sogenanntes *scraping*. Während es in den USA bereits Verfahren von Künstler:innen gegen die Nutzung ihrer Inhalte als Trainingsdaten für KI gibt, ist die Rechtslage in Deutschland durch § 44b UrhG geregelt: Die automatisierte Analyse und Vervielfältigung von rechtmäßig zugänglichen Werken für Text und Datamining ist grundsätzlich rechtmäßig, wenn kein *opt-out* erfolgt ist. Für das Text- und Data-Mining muss keine Erlaubnis bei den Urheberrechtsinhabern eingeholt werden und diese Art der Nutzung löst auch keine Lizenzpflicht aus. Die Vervielfältigungen müssen jedoch gelöscht werden, wenn sie für das Text- und Data-Mining nicht mehr erforderlich sind. Urheberrechtsinhaber haben jedoch die Möglichkeit, in Form eines *opt-outs* diese Nutzung ihrer urheberrechtlich geschützten Werke zu verbieten. Der Vorbehalt gilt für rechtmäßig online zugängliche Werke jedoch nur dann, wenn er maschinenlesbar ist und entfaltet keine Rückwirkung. Die Löschpflicht hat für Nutzer:innen des Text- und Data-Mining gerade im wissenschaftlichen Bereich den Nachteil, dass gewonnene wissenschaftliche Erkenntnisse nicht überprüfbar sind, weil die Ausgangsdaten gelöscht werden müssen. Dem trägt § 60d UrhG Rechnung, der Vervielfältigungen für die wissenschaftliche Forschung erlaubt, wenn weder eigene kommerzielle Zwecke verfolgt werden, noch eine Kooperation mit einem privaten Unternehmen besteht, welches einen bestimmenden Einfluss auf die Forschungsorganisation und einen bevorzugten Zugang zu deren wissenschaftlichen Ergebnissen hat.

Diese Privilegierung gilt ausdrücklich auch für öffentlich zugängliche Museen, wenn diese keine kommerziellen Zwecke verfolgen.

In einem zweiten Schritt stellt sich die Frage nach der rechtlichen Bewertung der Nutzung von KI, um ein Ergebnis zu erzeugen. Hier stellt sich insbesondere die Frage nach dem urheberrechtlichen Schutz von *prompts*, also den kurzen Eingabetexten, mit denen die KI zur Generierung entsprechender Inhalte veranlasst wird. Solche *prompts* erreichen in der Regel nicht die erforderliche Schöpfungshöhe. Ebenso wenig, wie der Auftraggeber eines

Portraits Miturheber wird, weil er dem Künstler genaue Vorgaben wie Format, Haltung, Farbigkeit oder Abweichungen zugunsten eines optisch ansprechenderen Ergebnisses macht, ist derjenige, der die KI mittels eines *prompts* auslöst, Urheber des von der KI generierten Ergebnisses.

Das virtuelle Museum darf grundsätzlich KI ausstellen. So ist das KI-Bild „Edmond de Belamy", welches 2018 bei dem Auktionshaus Christie´s für 432.500,00 US-Dollar zugeschlagen wurde, trotz dieses Erfolges auf dem Markt gemeinfrei, da es als Werk eines Computeralgorithmus oder künstlicher Intelligenz keinem:r menschlichen Schöpfer:in zuzuordnen ist. Mangels Urheberrechts besteht weder das Recht auf Namensnennung noch müssen Dritte eine Lizenz einholen, wenn sie das Werk kopieren, veröffentlichen oder auf sonstige Weise kommerziell nutzen wollen. Hier ist jedoch Vorsicht geboten. Auch wenn grundsätzlich keine Urheberrechte an den von KI generierten Inhalten existieren, ist nicht alles, was mit Hilfe eines Computers entsteht, frei nutzbar.

Zudem ist im Umkehrschluss nicht automatisch alles, was KI generiert, legal. Der Output kann insbesondere Persönlichkeitsrechte Dritter verletzen. Dies ist dem Museum zuzurechnen, das den entsprechenden Output ohne rechtliche Prüfung nutzt. Ein Beispiel dafür ist der vermeintliche neue Hit der beiden Rapper Drake und The Weekend, der ohne deren Beteiligung oder Einwilligung von KI generiert worden war.

Ein weiteres Beispiel bietet die Thematik NFT (non fungible token). Entscheidend ist, dass das NFT selbst lediglich eine digitale Zeichenfolge ist und nicht das Asset, welches es repräsentiert. Bei dem NFT handelt es sich also eher um ein Crypto-Wertpapier. Das NFT selbst ist ein digitales Zertifikat für etwas außerhalb der Blockchain, wobei der durch das NFT abgesicherte Wert auch dann nicht vollständig in der Blockchain hinterlegt ist, wenn es sich um ein digitales Asset handelt. Ein NFT ist stets zweigeteilt; der Token und dasjenige, was der Token absichert. Insofern ist die Berichterstattung stark vereinfacht und irreführend, wenn vermeintliche Abbildungen von NFT, wie etwa die Beeple Collage „Everydays – the first 5000 days" (2021) gezeigt werden und dazu der Kaufpreis von 69 Millionen US-Dollar genannt wird. Die Bilddatei ist nur mittels eines IPFS Hashwertes mit dem NFT verknüpft. Nutzungsrechte an den verlinkten digitalen Kunstwerken gehen auch nicht automatisch auf den Erwerber eines NFT über, sondern müssen separat vertraglich eingeräumt werden.

Wenn man sich die Zweiteilung zwischen Token und Asset verdeutlicht, wird klar, dass NFT nichts völlig Neues in den (Kunst-)Markt bringen. Der Verkauf von Konzeptkunst ist bereits Jahrzehnte, bevor das erste NFT geprägt wurde, ein Nischenbereich des Kunstmarktes gewesen, indem der:die Erwerber:in statt eines physischen Werkes bestenfalls ein Zertifikat erhält, wie etwa bei Yves Kleins „Zones of Immaterial Pictorial Sensibility". Yves Klein stellte dabei Quittungen für seine unsichtbaren Werke aus, die er sich in purem Gold bezahlen ließ. Davon wurden in Anwesenheit des:der Erwerber:in die Hälfte des Goldes in die Seine geworfen und parallel die Quittung verbrannt.

Was bedeutet dies für die Nutzbarmachung urheberrechtlich geschützter Inhalte durch ein virtuelles Museum in Form von NFT? Die Frage ist noch nicht abschließend geklärt. Zwar spricht einiges dafür, dass mit der Prägung eines NFT Urheberrechte nicht verletzt werden. Zur Vermeidung von zeit- und kostenintensiven Rechtsstreitigkeiten empfiehlt sich jedoch, lediglich solche Werke als NFT zu prägen und auszustellen, bei denen die Einwilligung der potentiellen Rechteinhaber:innen eingeholt wurde oder keine Rechte Dritter tangiert werden.

NFT beschränken sich nicht auf digitale Inhalte, sondern können auch physische Werke repräsentieren. Ein Beispiel für Letzteres ist der Trend einiger Museen, beliebte Publikumsmagneten aus ihren Sammlungen zu prägen, so etwa das Belvedere in Wien. Jedermann kann ein digitales Stück von Gustav Klimts Kuss als NFT erwerben. Durch die Fraktionalisierung werden dabei die beiden Aspekte NFT und *fractional ownership* miteinander verknüpft. Insoweit bietet das eigene Prägen von NFT eine potentielle Einnahmequelle für virtuelle Museen.

Die rechtlichen Rahmenbedingungen im Hinblick auf KI sind nicht statisch. So hat das EU Parlament am 13. März 2024 eine Verordnung verabschiedet, den so genannten AI-Act. Im Hinblick auf generative KI wie z. B. Chat GPT, DALLE und Midjourney ist folgendes geplant:

- Transparenz durch einen verpflichtenden Hinweis „KI-generiert" und
- Eine Verpflichtung zur öffentlichen Zugänglichmachung einer detaillierten Zusammenfassung der dem Urheberrecht unterliegenden Daten, die zum Training der jeweiligen KI verwendet wurden.

Insbesondere die zweite Transparenzpflicht widerspricht dem oben skizzierten, derzeit geltenden Recht zum Text- und Datamining.

16.4. Wettbewerbsrecht

Das Wettbewerbsrecht ist in zweierlei Hinsicht relevant für den Betrieb eines virtuellen Museums. Wenn und soweit das virtuelle Museum einen Museumsshop anbietet, sind sämtliche Vorschriften zum Kauf und Verkauf im Internet zu beachten. Hierzu gehört die Pflicht zur Vorhaltung von AGB ebenso wie die Belehrung über das Widerrufsrecht. Für den Fall, dass ein Newsletter vorgehalten wird, muss das virtuelle Museum sich an die double opt in Regel halten, da der Versand des Newsletters andernfalls rechtlich als wettbewerbswidriger Spam gewertet werden würde.

Zwingend ist ferner eine Datenschutzerklärung sowie ein ordnungsgemäßes Impressum und der Hinweis auf die Onlinestreitschlichtungsplattform. Weitere Informationspflichten ergeben sich aus den Fernabsatzregeln des Bürgerlichen Gesetzbuches (BGB) sowie aus den ebenfalls im BGB geregelten Pflichten im elektronischen Geschäftsverkehr.

Das virtuelle Museum muss zudem irreführende geschäftliche Handlungen unterlassen. Ein Beispiel wäre eine unzutreffende Alleinstellungswerbung, zum Beispiel das Anpreisen eines von mehreren virtuellen Theatermuseen als das vermeintlich einzige virtuelle Theatermuseum. Ein anderes Beispiel wären irreführende Angaben über eine vermeintliche Autorisierung durch eine renommierte Institution oder Person.

16.5. Medien und Presserecht

Neben den zuvor bereits genannten Aspekten ist darauf zu achten, dass sowohl bei redaktionellen Beiträgen des virtuellen Museums als auch bei den sonstigen Gestaltungen die medien- und presserechtlichen Vorschriften gewahrt werden. Herauszustellen ist, dass man zwar zur Berichterstattung Dritter verlinken darf. Es ist jedoch nicht erlaubt, einen Screenshot oder eine PDF-Datei eines fremden Artikels auf der eigenen Seite hochzuladen, um über die Berichterstattung über das virtuelle Museum oder eine Ausstellung oder Veranstaltung des Museums zu berichten. Auch hier ist zunächst die Erlaubnis einzuholen. Häufig wird diese nur kostenpflichtig erteilt werden, insbesondere von Verlagen. Im Impressum des virtuellen Museums ist nach § 18 MSTV immer dann, wenn journalistisch-redaktionell gestaltete Angebote vorhanden sind, auch ein:e presserechtlich Verantwortliche:r anzugeben und zwar in Form einer natürlichen Person mit mindestens einem ausgeschriebenen Vornamen und dem Nachnamen sowie der Anschrift.

16.6. Anwendbarkeit deutschen Rechts

Rechtsgebietübergreifend gilt, dass alle vorgenannten Aspekte sich auf das deutsche Recht beziehen. Innerhalb der Europäischen Union ist das Recht in weiten Teilen harmonisiert, sodass viele Regelungen ähnlich sein können. Trotzdem verbleiben Unterschiede, insbesondere auch im Urheberrecht. Bei der Prüfung, welches Recht bei einem digitalen Angebot im Internet Anwendung findet, wird in der Regel darauf abgestellt, wen der:die Anbieter:in bestimmungsgemäß anspricht. Entscheidend hierfür ist unter anderem die Sprachfassung des Angebotes sowie der Umstand, wo Werbung betrieben wird, welche Toplevel-Domain verwendet wird und wohin im Falle eines Onlineshops geliefert wird.

16.7. Rechtsform der Betreibergesellschaft

Die Wahl der Rechtsform für ein virtuelles Museum hängt maßgeblich von dessen Träger ab. Wenn der Staat durch Bund, Länder oder Kommunen beteiligt ist, kommt eine Private Public Partnership in Betracht. Für rein private Träger kommt es darauf an, ob das Museum auch Gewinne erzielen soll. Dann bietet sich die Gründung einer GmbH oder einer UG (haftungsbeschränkt) an. Steht die Gewinnerzielung nicht im Fokus, so sind die Rechtsformen der Stiftung, gemeinnützigen GmbH (gGmbH) oder auch die Gründung eines eingetragenen Vereines in Erwägung zu ziehen. Welche Rechtsform konkret Sinn macht, hängt unter anderem von der Zusammensetzung des Trägers und von den vorhandenen finanziellen Mitteln ab. Insofern empfiehlt es sich in jedem Fall, vorab eine:n Steuerberater:in hinzuzuziehen.

REINHARD GRÖNE

17. ANALOG UND DIGITAL

17.1. Virtuelle Angebote von und für „analoge" Menschen

Der erste Auftritt, die „Premiere", eines virtuellen Museums kann schon aus Gründen der Öffentlichkeitswirksamkeit eine Eröffnung in der analogen Welt sein. Ein ganz klassisches „Push the red button"-Ereignis. Möglichst unter prominenter Schirmherrschaft wird es zu einem aufmerksamkeitsstarken und vor allem pressetauglichen Foto-Event. Mit vielen geladenen Gästen, Vertreter:innen der Unterstützer:innen und Förderer, mit Freundeskreis und Sponsor:innen.

Jedes virtuelle Museum ist schon deshalb immer ein Stück weit „hybrid", weil ein Teil seiner Infrastruktur auch ein Teil der analogen Welt bleibt: Mitarbeiter:innen brauchen Arbeitsplätze, die notwendige Technik („Hardware") von Server bis Programmierung und Steuerung steht bzw. entsteht in der analogen Welt. Das kann dezentralisiert über die ganze Welt verteilt und weitestgehend digital unterstützt sein, am Ende sind es analoge Menschen, die den Betrieb „am Laufen halten". Und für die er ja auch geschaffen und eingerichtet wird.

Es gibt noch einen Grund, warum dieser „hybride" Charakter des virtuellen Museums immer eine Ergänzung des im Wesentlichen aber digitalen Angebotes sein und bleiben wird. Denn die auch für den Erfolg eines virtuellen Museumsangebots wichtigste Gruppe der Stakeholder:innen, die Besucher:innen und Nutzer:innen, sind und bleiben Teil der „analogen Welt". Dort leben sie, dort wollen und müssen sie abgeholt werden. Auch dann, wenn sie sich mit ihren digitalen Devices von Computern, Tablets und/oder „Head Mounted Displays" auf den Weg machen. Spannende Erlebnisse mit Augmented Reality (AR), Virtual Reality und Mixed Reality (MR) machen ein immersives Eintauchen in eine andere, eine digital erzeugte und erzählte Realität möglich. Auch im künftigen „Metaversum" sind es die Menschen der Offline-Welt, die ihre Avatare auf Entdeckungsreise schicken. Die Verarbeitung des Erlebten findet in den Köpfen statt, die vor oder in den digitalen Devices sitzen.

Der kommende Schritt der digitalen Vernetzung mit den Mitmenschen wird in dieser neuen virtuellen Realität stattfinden können. Dieses „Social VR" ist die dritte Entwicklungsstufe des Internets, meist bezeichnet als „Web 3.0". Marketingmäßig auch als „Metaversum" von verschiedenen Anbieter:innen angekündigt. Wie auch immer dieses „Metaversum" dann letztlich aussehen mag, virtuelle Museen werden darin ein fester Bestandteil sein: Und das 24/7 – immer geöffnet und weltweit erreichbar.

17.2. „Pop-up-Museum": Sichtbarkeit und Community Building

Es wird immer wieder Auftritte des virtuellen Museums in der analogen Welt geben. So wie es heute Pop-up-Stores gibt, die an den manchmal überraschendsten Orten für meist nur kurze Zeit auftauchen, wird es auch Pop-up-Museen geben, die der Sichtbarkeit und dem Community Building der interessierten Nutzer:innen und Besucher:innen dienen. Wer mag, holt sich „sein" virtuelles Museum bei der nächsten Geburtstagsfeier ins Haus. Dazu braucht es nur die entsprechenden Digitalen Devices, und die Reise kann beginnen.

Statt des gemeinsamen „Fußballguckens" im TV ist auch ein virtueller spielerischer Museumsbesuch unkompliziert, komfortabel und anregend einzurichten.

BERND GÜNTER

18. NACHWORT

Wie erkennbar ist, können virtuelle Museen alle Aufgaben erfüllen, die von den Museumsverbänden als konstitutiv angesehen werden. Virtuelle Museen können Themen abdecken und Kompetenzzentren darstellen für Sachverhalte, zu denen museale oder ähnliche Bildungs- und Unterhaltungsinstitutionen bisher nicht existieren oder sich schwertun. Virtuelle Museen sind zu jeder Zeit von jedem Ort aus erreichbar. Sie ermöglichen Menschen Zugang, die andere Wege zu Kulturgütern weniger wahrnehmen können oder wollen. Dabei sollen virtuelle Museen von analogen Kulturbetrieben nicht etwa Besucher:innen abziehen; vielmehr sollen sie die Museumslandschaft nach heutigen und zukünftigen (technischen) Möglichkeiten ergänzen und erweitern.

Desinteresse oder gar Widerstände gegenüber dem Thema „virtuelles Museum" sind verständlich. Aber: Die digitalen Voraussetzungen sind da – und sie werden weiter perfektioniert. Die Digitalisierung hat bereits alle Lebensräume erfasst. Inhaltlich-thematisch und auch hinsichtlich der Formate und Darstellungsformen sind der Phantasie für die Gestaltung virtueller Museen kaum Grenzen gesetzt.

Virtuelle Museen eröffnen ganz neue Interessent:innenkreise für die vielfältige „Welt der Museen" und für die Erhaltung von Kulturgütern. Ganz im Sinne der Ansprüche der nationalen und internationalen Museumsverbände.

QUELLEN UND LITERATUR

Ahlert, Dieter, Backhaus, Klaus u. Meffert, Heribert: Geschäftsmodelle im E-Business. MCM-Studie zum Deutschen Marketing-Tag 2001, in: *absatzwirtschaft. Sonderausgabe* Oktober (2001), S. 32–44.

ARt chat von **nextmuseum.io**.: **https://nextmuseum.io/experiments/art-chat/** [abgerufen am 16.01.2023].

Bitkom e.V.: Klimaschutz durch digitale Technologien – Chancen und Risiken 2020. Kurzstudie, **https://www.bitkom.org/klimaschutz-digital** [abgerufen am 27.08.2022].

Brandt, Mathias: Video-Streaming ist für 60 % des Traffics verantwortlich, **https://de.statista.com/infografik/21188/zusammensetzung-des-weltweiten-downstream-internet-traffics/** [abgerufen am 26.08.2022].

Brüggemann, Anke: The trade-offs between digitalization and climate-action: Why digitalization must be sustainable,**https://www.kfw.de/PDF/Download-Center/Konzernthemen/Research/PDF-Dokumente-Fokus-Volkswirtschaft/Fokus-englische-Dateien/Fokus-2021-EN/Focus-No.-341-August-2021-Digitalisation-and-Climate.pdf** [abgerufen am 28.08.2022].

Carius, Hendrikje u. Fackler, Guido: Ausstellungen digital kuratieren. Formen und Diskurse, Herausforderungen und Chancen, in: Carius, Hendrikje u. Fackler, Guido (Hrsg.): *Exponat – Raum – Interaktion. Perspektiven für das Kuratieren digitaler Ausstellungen*, Göttingen 2022, S. 15–38.

Deeken, Michael u. Fuchs, Tobias: *Agiles Management als Antwort auf die Herausforderungen der Digitalisierung*, Wiesbaden 2018.

Deutscher Museumsbund e.V. und Bundesverband Museumspädagogik e.V. (Hrsg): *Leitfaden Bildung und Vermittlung im Museum gestalten*, Berlin 2020.

Encyclopaedia Britannica (o. J.): virtual museum, **https://www.britannica.com/topic/virtual-museum** [abgerufen am 19.12.2022].

European Commission – Joint Research Centre: *AI watch. Defining Artificial Intelligence 2.0. Towards an operational definition and taxonomy for the AI landscape*, Luxemburg 2021.

Falk, John H.: Understanding Museums Visitors' Motivations and Learning, in: Ida Brændholt Lundgaard u. Jacob Thorek Jensen (Hrsg.): *Museums. Social Learning Spaces and Knowledge Producing Processes*, Kopenhagen 2013, S. 106–127.

Gailhofer, Peter, Führ, Martin u. Gröger, Jens: The European Parliament's amendments to the AI Act. A plausible approach for the „Ecological Alignment" of AI?, **https://www.oeko.de/news/pressemeldungen/kuenstliche-intelligenz-oekologisch-ausrichten/** [abgerufen am 15.11.2023].

Geipel, Andrea u. Hohmann, Georg: VR/AR – Digitale Räume im Museum, in: Mohr, Henning u. Modarressi-Tehrani, Diana (Hrsg.): *Museen der Zukunft. Trends und Herausforderungen eines innovationsorientierten Kulturmanagements*, Bielefeld 2021, S. 257–273.

Günter, Bernd: Verlässlichkeit als Wettbewerbsvorteil im Business-to-Business-Marketing, in: Büschken, Joachim, Voeth, Markus u. Weiber, Rolf (Hrsg.): *Innovationen für das Industriegütermarketing*, Stuttgart 2007, S. 185–199.

Günter, Bernd u. Hausmann, Andrea: *Kulturmarketing*, 2. Aufl., Wiesbaden 2012.

Günter, Bernd: Virtuelle Museen – Zukunftsmusik oder reale Option? in: *KulturBetrieb*, Ausgabe vier, Oktober 2016, S. 10–11.

Günter, Bernd: Virtual Reality und der Weg zum virtuellen Museum. Illusion, Chance oder gar Notwendigkeit?, in: Emmert, Claudia u. Neddermeyer, Ida (Hrsg.): *Schöne neue Welten. Tagungsband zur Abschlusstagung April 2018*, Zeppelin-Museum Friedrichshafen 2019, S. 220–231.

Günter, Bernd u. Römhild, Julia: *Marketing für Kunst und Kultur*, Band 1, Stuttgart 2023.

Gröger, Jens u. Liu, Ran et al.: Green Cloud Computing. Lebenszyklusbasierte Datenerhebung zu Umweltwirkungen des Cloud Computing, **https://www.umweltbundesamt.de/publikationen/green-cloud-computing** [abgerufen am 14.01.2024].

Gröger, Jens u. Liu, Ran et al.: Umweltzeichen Blauer Engel für Server und Datenspeicherprodukte **https://www.umweltbundesamt.de/publikationen/umweltzeichen-blauer-engel-fuer-server** [abgerufen am 14.01.2024].

Hahn, Hans Peter: Das digitalisierte Museum – Erweiterung oder Transformation? Zur Selbstpositionierung von Museen im 21. Jahrhundert, in: Udo Andraschke u. Sarah Wagner (Hrsg.): *Objekte im Netz*, Bielefeld 2020, S. 45–67.

Hahn, Rüdiger: *Sustainability Management: Global Perspectives on Concepts, Instruments, and Stakeholders*, Fellbach 2022.

Hermon, Sorin u. Hazan, Susan: Rethinking the virtual museum, in: Institute of Electrical and Electronics Engineers (Hrsg.): *Digital Heritage International Congress (DigitalHeritage)*, Volume 2 (2013), S. 625–632.

Hessische Staatskanzlei: Studie zu Nachhaltigkeitspotenzialen in und durch Digitalisierung in Hessen, **https://digitales.hessen.de/starke-netze/recheninfrastrukturen/nachhaltigkeit** [abgerufen am 28.08.2022].

High-Level Expert Group on Artifical Intelligence by the European Commission: A Definition of AI: Main Capabilities and Disciplines, **ec.europa.eu/newsroom/dae/document.cfm?doc_id=56341** [abgerufen am 08.12.2023].

Homburg, Christian: *Marketingmanagement: Strategie-Instrumente-Umsetzung-Unternehmensführung*, Wiesbaden 2020.

Höge, Holger: Rezeptionsverhalten der Ausstellungsgäste, in: Walz, Markus (Hrsg.): *Handbuch Museum. Geschichte, Aufgaben, Perspektiven*, Stuttgart 2016, S. 270–273.

ICOM – Conseil international des musées: *Ethische Richtlinien für Museen von ICOM*, Berlin 2010.

ICOM: ICOM approves a new museum definition, **https://icom.museum/en/news/icom-approves-a-new-museum-definition/** [abgerufen am 19.12.2022].

Klinke, Harald: Smart Museum. Cultural Heritage in the Virtual Space, **https://medium.com/@HxxxKxxx/smart-museum-cultural-heritage-in-the-virtual-space-fdc720e4650a** [abgerufen am 30.01.2023].

Knaus, Gudrun: *Leitfaden für digitales Sammlungsmanagement an Kunstmuseen*, Heidelberg 2019.

Köhne, Eckart: Betriebssystem Museum (Editorial), in: *Museumskunde*, Band 83 (2019), Berlin, S. 1.

Lange, Steffen u. Santarius, Tilman: *Smarte Grüne Welt. Digitalisierung zwischen Überwachung, Konsum und Nachhaltigkeit*, München 2018.

Meffert, Heribert, Burmann, Christoph u. Kirchgeorg, Manfred: *Marketing: Grundlagen marktorientierter Unternehmensführung. Konzepte – Instrumente – Praxisbeispiele*, 13. Auflage, Wiesbaden 2019.

Mohr, Henning u. Modarressi-Tehrani, Diana: Museen der Zukunft: Trends und Herausforderungen eines innovationsorientierten Kulturmanagements, in: Mohr, Henning u. Modarressi-Tehrani, Diana (Hrsg.). *Museen der Zukunft: Trends und Herausforderungen eines innovationsorientierten Kulturmanagements*, Bielefeld 2021, S. 9–24.

Mörsch, Carmen: *Zeit für Vermittlung. Eine Online-Publikation zur Kunstvermittlung*, Zürich 2012.

Niewerth, Dennis: *Dinge – Nutzer – Netze. Von der Virtualisierung des Musealen zur Musealisierung des Virtuellen*, Bielefeld 2018.

Niewerth, Dennis: Virtuelle Museen, in: Kasprowicz, Dawid u. Rieger, Stefan (Hrsg.): *Handbuch Virtualität*, Wiesbaden 2020, S. 521–532.

Polycarpou, Christiana: The VIMM Definition of a Virtual Museum, **https://www.vimm.eu/2018/01/10/the-vimm-definition-of-a-virtual-museum/** [abgerufen am 14.01.2024].

Pöllmann, Lorenz u. Herrmann, Clara: *Der digitale Kulturbetrieb. Strategien, Handlungsfelder und Best Practices des digitalen Kulturmanagements*, Wiesbaden 2019.

Preuß, Kristine u. Hofmann, Fabian: Einleitung, in: Preuß, Kristine u. Hofmann, Fabian (Hrsg.): *Kunstvermittlung im Museum. Ein Erfahrungsraum*, Münster 2017, S. 11–27.

PwC Deutschland: Deutscher Virtual-Reality-Markt wächst über die Nische hinaus, **https://www.pwc.de/de/technologie-medien-und-telekommunikation/studie-deutscher-virtual-reality-markt-waechst-ueber-die-nische-hinaus.html** [abgerufen am 29.07.2022].

Villaespesa, Elena u. Murphy, Oonagh (Hrsg.): *Künstliche Intelligenz und Museen – Ein Toolkit*, London 2022.

Römhild, Julia u. Heinzelmann, Rebecca: Nachhaltigkeit als kulturelle Herausforderung – Die Rolle von Museen im Kontext Nachhaltiger Entwicklung, in: Hilgers-Sekowsky, Julia, Richter, Nicole u. Ermel, Nicole (Hrsg.): *Nachhaltigkeit in Nonprofit-Organisationen Transdisziplinäre Perspektiven für ein zukunftsfähiges Management*, Wiesbaden 2023, S. 151–171.

Schößler, Tom: Ein neues Preismodell für Museen im Praxistest. Pay As You Stay – Zahl, solange Du bleibst, **https://www.kulturmanagement.net/Themen/Ein-neues-Preismodell-fuer-Museen-im-Praxistest-Pay-As-You-Stay-Zahl-solange-Du-bleibst,4100** [abgerufen am 26.08.2022].

Schreyögg, Georg u. Koch, Jochen: *Management: Grundlagen der Unternehmensführung*, Wiesbaden 2020.

Schweibenz, Werner: Das virtuelle Museum. Überlegungen zum Begriff und Wesen des Museums im Internet, **https://mai-tagung.lvr.de/media/mai_tagung/pdf/2001/schweibenz.pdf** [abgerufen am 19.12.2022].

Schweibenz, Werner: *Vom traditionellen Museum zum virtuellen Museum*, Frankfurt am Main 2008.

Schweibenz, Werner: Virtuelle Museen, in: Walz, Markus (Hrsg.): *Handbuch Museum*, Stuttgart 2016, S. 198–200.

Schweibenz, Werner: The virtual museum: an overview of its origins, concepts, and terminology, in: *The Museum Review*, Vol. 4 Nr. 1 (2019), S. 1–29.

Statista: Prognose zum weltweiten Umsatz mit Virtual Reality bis 2025, **https://de.statista.com/statistik/daten/studie/318536/umfrage/prognose-zum-umsatz-mit-virtual-reality-weltweit/** [abgerufen am 29.07.2022].

Stender, Christine u. Stärk, Theresa: Art 4.0 Toolbox, Projekt Curriculum 4.0 NRW – Digitale Kunstvermittlung | ART 4.0, Laufzeit 2021–2022, **https://www.kuk.hhu.de/curriculum-40-nrw-digitale-kunstvermittlung-art-40** [abgerufen am 14.01.2024].

Team Z museum4punkt0: Perspektive nachhaltige Nachnutzung: Vernetzung für die digitale Vermittlung,**https://www.museum4punkt0.de/perspektive-nachhaltige-nachnutzung-vernetzung-fuer-die-digitale-vermittlung/** [abgerufen am 26.08.2022].

Thiel, Sonja u. Bernhardt, Johannes C.: *AI in Museums: Reflections, Perspectives and Applications*, Bielefeld 2023.

Umweltbundesamt (UBA) (Hrsg.)/Gröger, J./Liu, R. et al. (2021), Green Cloud Computing Lebenszyklusbasierte Datenerhebung zu Umweltwirkungen des Cloud Computing. Abschlussbericht, **http://www.umweltbundesamt.de/publikationen** (Stand 27.08.2022).

Wissenschaftlicher Beirat der Bundesregierung Globale Umweltveränderungen: Unsere gemeinsame digitale Zukunft. Zusammenfassung, **https://www.wbgu.de/fileadmin/user_upload/wbgu/publikationen/hauptgutachten/hg2019/pdf/WBGU_HGD2019_Z.pdf** [abgerufen am 24.01.2023].

Virtual Museum Transnational Network: **www.v-must.net** [abgerufen am 20.01.2023].

Zouboula, Nikoletta u. Fokides, Emmanuel et al.: Virtual Reality and Museum. An Educational Application for Museum Education, in: *International Journal of Emerging Technologies in Learning*, Bd. 3 (2008), S. 89–95.

MITWIRKENDE

Die Autor:innengruppe „Forum Virtuelle Museen" besteht im August 2024 aus nachfolgend genannten Persönlichkeiten:

Isabelle Becker unterstützt als Teil des Kommunikationsteams der Art Basel sämtliche Presse- und Kommunikationstätigkeiten der Kunstmessen für Moderne und zeitgenössische Kunst in Basel, Miami Beach, Hongkong und Paris. Ihr hauptsächlicher Arbeitsort ist Basel, Schweiz. Ihren Masterabschluss im Fach Kunstvermittlung und Kulturmanagement absolvierte sie an der Heinrich-Heine-Universität, Düsseldorf. Zudem verfügt sie über einen Doppel-Bachelorabschluss der Betriebswirtschaftslehre und Business Administration und studierte in Lörrach und Treforest (Wales).

Otmar Böhmer ist Vorstand der Kunststiftung Volkswagen und Geschäftsführer Kunstmuseum Wolfsburg.

Reinhard Gröne ist Gründer und Vorstand des Business Angel-Netzwerks ANGEL ENGINE e.V. Sein Schwerpunkt liegt auf Innovationen und Gründungen der Kultur- und Kreativwirtschaft. Er ist an verschiedenen Unternehmen und Projekten beteiligt.

Bernd Günter ist ehemaliger Inhaber des Lehrstuhls für Betriebswirtschaftslehre, insbesondere Marketing, an der Heinrich-Heine-Universität Düsseldorf. Er ist derzeit Lehrbeauftragter im Master-Studiengang Kunstvermittlung und Kulturmanagement der HHU.

Rebecca Heinzelmann ist Kulturmanagerin und -vermittlerin (M. A.). Derzeit arbeitet sie als Nachhaltigkeitsmanagerin und unterstützt Kultureinrichtungen beim Aufbau von ganzheitlichen Nachhaltigkeitsstrategien und begleitet Prozesse hin zu Managementsystemen (z. B. ISO 20121, EMAS) und Messinstrumenten (z. B. CO_2-Bilanzen). Ihren Masterabschluss im Fach Kunstvermittlung und Kulturmanagement absolvierte sie an der Heinrich-Heine-Universität, Düsseldorf.

Anja Kircher-Kannemann ist promovierte Historikerin. Derzeit arbeitet sie als Kuratorin und Sammlungsleiterin im Jugendstilforum Bad Nauheim. Außerdem betreut sie verschiedene digitale Geschichtsvermittlungsprojekte der Stadt Bad Nauheim. Zu Themen der digitalen Kultur- und Geschichtsvermittlung unterhält sie seit einigen Jahren den Blog *Kultur-Geschichte(n)-Digital*.

Yasmin Mahmoudi begann ihre Rechtsanwaltstätigkeit bei Clifford Chance LLP und gründete sodann die Kanzlei Dr. Mahmoudi & Partner Rechtsanwälte mbB. Sie ist Fachanwältin für gewerblichen Rechtsschutz, Schiedsrichterin am Court of Arbitration for Art sowie Lehrbeauftragte an der Heinrich-Heine-Universität Düsseldorf für rechtliche Grundlagen des Kunst- und Kulturmanagements.

Julia Römhild ist Akademische Rätin für den Bereich Kulturmanagement an der Heinrich-Heine-Universität Düsseldorf und koordiniert und lehrt im Masterstudiengang Kunstvermittlung und Kulturmanagement. In ihren aktuellen Forschungsarbeiten befasst sie sich insbesondere mit Fragestellungen des Konsumentenverhaltens, des Strategischen Marketing sowie des Kulturmarketing und -managements.

Holger Simon ist Kunsthistoriker und Entrepreneur. Er ist Initiator von wegweisenden Digitalprojekten wie z. B. dem prometheus-Bildarchiv (2001), dem Digitalen Historischen Archiv Köln (2009) und dem Konsortium NFDI4Culture (2020). Mit seinem Unternehmen Pausanio berät er Kultur- und Gedächtnisinstitution bei der digitalen Transformation und begleitet sie bei Changeprozessen. 2013 gründete er die Pausanio Akademie als Fortbildungszentrum für Menschen in Kunst, Kultur und Wissenschaft.

Theresa Stärk ist wissenschaftliche Mitarbeiterin am Institut für Kunstgeschichte an der Heinrich-Heine-Universität Düsseldorf. Ihre Forschungsschwerpunkte liegen in den Bereichen digitaler Kunstvermittlung, ästhetischer Erfahrung im virtuellen Raum und digitaler Museumspublikumsforschung. Ihren Masterabschluss im Fach Kunstvermittlung und Kulturmanagement absolvierte sie an der Heinrich-Heine-Universität, Düsseldorf.

Laura Zebisch arbeitet derzeit am Goethe Institut (Zentrale). Dort ist sie für Organisationsentwicklung und das strategische Nachhaltigkeitsmanagement zuständig. Ihren Masterabschluss im Fach Kunstvermittlung und Kulturmanagement absolvierte sie an der Heinrich-Heine-Universität, Düsseldorf.

Unter Mitarbeit von Anne Seebeck und Karl-Ludwig Döring

BILDNACHWEIS

Abb. 1, S. 48, Abb. 2, S. 54, Abb. 3, S. 55, und Abb. 5, S. 85: Eigene Darstellungen; Abb. 4, S. 59: Gudrun Knaus, Leitfaden für digitales Sammlungsmanagement an Kunstmuseen, Heidelberg 2019, S. 19.